Paul Brunnhuber   Prinzipien effektiver Unterrichtsgestaltung

Paul Brunnhuber

Prinzipien effektiver Unterrichtsgestaltung

Verlag Ludwig Auer Donauwörth

15. Auflage. 1982

Gesamtherstellung: Druckerei Ludwig Auer, Donauwörth
ISBN 3-403-00**278**-0

INHALT

EINFÜHRUNG

Der Wandel in Gesellschaft, Wirtschaft und Wissenschaften veranlaßt Lehrer an Schulen der Primar- und Sekundarstufe, ständig über Ziele, Inhalte, Methoden, Medien und Erfolge ihres Unterrichts zu reflektieren. Kein Lehrer absolvierte seine Ausbildung ohne Kenntnis der allgemeinen Unterrichtsgrundsätze, und doch sind gerade diese einer andauernden Änderung unterworfen, da sie „die Bedingungen des Lernens, die außerhalb des Lernenden bestehen" (Gagné, 27), betreffen, und eben sie wandeln sich.
Wenn wir über Prinzipien effektiver Unterrichtsgestaltung nachdenken, so lohnt es sich, über die Begriffe in dieser Thematik Klarheit zu gewinnen, da sich in ihnen das Neue bereits offenbart.

1. Unterricht und Lernen

Unterricht ist „ein zielbewußtes und deshalb auch planmäßiges sowie auf einen längeren Zeitraum ausgedehntes und verteiltes Lehren" (Huber, 9).
Einmal unterscheidet diese Definition den Unterricht von anderen, ungeleiteten, situativen oder nichtplanmäßigen Lernsituationen (durch Eltern, Spielzeug, Arbeitsgruppe, Massenmedien usw.), zum andern scheint in ihr eine geschichtlich gewachsene, heute mehr und mehr korrigierte Auffassung von Unterricht durch, daß „lehren" der Zentralbegriff sei, und damit der Lehrer die Zentralfigur des Unterrichts. Der Akzent wird nunmehr vom Lehren auf das Lernen verlegt.

1.1 Lernen

Da Lehren ein Lernen beabsichtigt, wird hier dem Lehrer nicht seine Bedeutung abgesprochen, wohl aber seine Funktion verdeutlicht: Er wird zum Initiator und Förderer von Lernen. Der Blick wendet sich dem Schüler zu, denn „der Zentralbegriff ist der Lernbegriff geworden" (Roth 1970, 22); auch spricht man weniger von Begabung und Intelligenz, vielmehr von „Lernfähigkeit, Lernprozeß, Lernerfahrungen, Lernzuwachs, Lernleistungen, Lernverfahren" (ebd.). Daß der genetische Begabungsbegriff vernachlässigt wird, kann eher von bestehenden Beobachtungs- und Meßschwierigkeiten der Forschung her begründet werden als von Erfahrungen in der schulischen Wirklichkeit. Da Begabung jedoch sicherlich überwiegend Ergebnis von Lernerfahrungen ist, sind die Erklärungen psychischer Vorgänge beim Lernen und deren Bedingungsfaktoren von der Wissenschaft zur Kenntnis zu nehmen, damit der Lehrende „ein günstiges Zusammenwirken aller Faktoren bewirkt" (ebd.).

1.1.1 *allgemeiner Lernbegriff*

„Lernen ist der Prozeß, durch den Verhalten aufgrund von Interaktionen mit der Umwelt oder Reaktionen auf eine Situation relativ dauerhaft entsteht oder verändert wird", definiert Skowronek (S. 11). Daraus können wir — etwas optimistisch — ableiten:

1.1.2 *Lernen durch Unterricht* ist die durch planmäßige Situationen gesteuerte, zielbewußte, selbstgewollte, möglichst dauerhafte Ausbildung oder Verbesserung von Verhaltensweisen (vgl. Aebli, in Roth 1970, 153). Der Lehrer also gestaltet in den Fächerungen des Unterrichts lehrplangemäß Situationen, die zum Erwerb oder zur Verbesserung von Verhaltensweisen anregen.

1.1.3 *Verhaltensweisen*

Jegliches menschliche Verhalten können wir einbeziehen, das Denkverhalten, das Arbeits-, Spiel-, Sozialverhalten, aber auch das durch Verhalten erworbene Verhältnis zu Lehrbereichen und Problemen, zu Aufgabenstellungen, zu Mitmenschen, zu Werten, zur Transzendenz.

1.2 Der Hintergrund des Lernbegriffs

Aufgrund dieser Beschreibungen von Lernen ließe sich erwarten, daß nach einer wertenden Zusammenschau jener Verhaltensweisen gesucht würde, die es dem Lernenden vornehmlich ermöglichen, sein Leben in dieser Gegenwart eigenverantwortlich zu gestalten (vgl. Strukturplan, 29), und zwar hinsichtlich aller Sinngebungen des Lebens, in lebenspraktischer, theoretischer, musischer, sittlicher und religiöser Sinnrichtung (vgl. Kopp, 17 ff.).

Demgegenüber läßt sich aus den Ergebnissen der westlichen und östlichen Lernpsychologie, aus dem Strukturplan für das Bildungswesen, den bayerischen Lehrplänen von 1970 (LP 70) und dem Lehrplan für die Grundschule in Bayern von 1971 (LP 71) eine eindeutige Bevorrechtigung der kognitiven Verhaltensverbesserung herauslesen. Ohne Zweifel muß jede Förderung kognitiver Leistungen begrüßt werden, zumal H. Roth feststellt, „daß weit mehr als 90% aller Menschen ihre intellektuelle Kompetenz für Leben, Studium und Beruf über gelenkte Lernprozesse in der Schule erwerben" (1970, 66). Bedenken jedoch treten auf, wenn das in Lernzielen manifestierte Menschenbild auf rationale Tüchtigkeit reduziert wird, ohne die kognitiven Fähigkeiten mit sozialen, sittlichen, ja selbst religiösen Lernbedürfnissen und Werthaltungen bewußt in Einklang zu bringen.

Heute muß im Zuge der Verwissenschaftlichung des Unterrichtsgeschehens, besonders in der Absicht, Lernerfolge nachweisbar zu machen, die Gefahr gesehen werden, daß, weil eben nur ein Teil des Lernzuwachses der quantifizierenden und qualifizierenden Beobachtung zugänglich ist, Unterricht überwiegend auf diese kognitiven Leistungen ausgerichtet wird, ohne letztlich dem ganzen Menschen Sorge zu tragen. Diese Grenze gilt es zu beachten, wenn von effektivem Unterricht die Rede ist, die vielen tiefgehenden und echten Nöte unserer Schüler und Jugendlichen aber nur am Rande berührt werden.

2. Unterrichtsgestaltung

Unterrichtsgestaltung umgreift nach Gagné und Chr. Möller (S. 19 ff.) folgende drei Aufgabenbereiche:

1. Lernplanung	2. Lernorganisation	3. Lernkontrolle
Aufgaben des Lehrers oder eines Lehrerteams		

2.1 *Lernplanung* fragt, „*was* gelernt werden soll" (Möller, 19). In die Planung fallen sämtliche Aufgaben, die dem Aufbau eines Schulwesens im Staate dienen. Die Planung des täglichen Unterrichts durch den Lehrer nimmt im ganzen einen kleinen aber wesentlichen Teil ein. Ihm fällt zu, allgemein formulierte Lehraufgaben in Unterrichtsthemen mit klaren Feinzielen umzusetzen. Hierauf bezieht sich das 1. Prinzip der Lernzielorientierung.

2.2 *Lernorganisation* fragt nach dem *Wie* des Lernprozesses. Der Lehrer ist in seiner Unterrichtsgestaltung abhängig von vielen äußeren Bedingungen der Lernorganisation, von Räumlichkeiten, Klassenfrequenz, Schulbüchern, Medien, Programmen u. dgl., auch von der in amtlichen Plänen festgelegten Aufteilung von Lerninhalten auf Schuljahre. Prinzipien der Unterrichtsgestaltung beziehen sich dagegen in dieser Untersuchung nur auf die Arbeit des einzelnen Lehrers (oder eines Teams) in seiner Klasse an seiner Schule, und die Grundsätze 2 bis 5 werden von jedem im Rahmen seiner Möglichkeiten von Fall zu Fall anders verwirklicht werden müssen.

2.3 *Lernkontrolle* fragt, *ob* die Ziele der Lernplanung erreicht wurden. Erst wenn der Soll-Wert einer Lerneinheit vom Schüler erreicht wurde, kann der Lernprozeß weitergeführt werden. Es kommen auf den Lehrer vermehrt Aufgaben der Sicherung und Kontrolle von Leistungen zu, die im letzten Prinzip Entfaltung finden.
Lernplanung, Lernorganisation und Lernkontrolle, alle drei Bereiche der Unterrichtsgestaltung sind steuerbar und unterliegen der Gültigkeit von Unterrichtsprinzipien.

3. Effektivität der Unterrichtsgestaltung

3.1 „Ziele setzen — Gewinne steigern" verlangt ein Buchtitel des Verlags Moderne Industrie, und eine ähnlich wirtschaftliche Denkweise scheint auf die Schule überzugreifen: „Die Schule ist ein Produktionszentrum, in dem — auf effektvollste Weise womöglich — Wissen, intellektuelle Fertigkeiten, Einstellungen, Gefühle, Interessen, Willenserlebnisse und manuelle Fertigkeiten produziert werden sollen" (Möller, 37). Nehmen wir bewußt Abstand von dieser personalen Verkennung des Schülers als eines Endprodukts, da letztlich er sich durch Lernen entfaltet, dann bedeutet Effektivität der Unterrichtsgestaltung: Alle steuerbaren Bedingungen eines Lernprozesses werden so wirksam vom Lehrer beeinflußt bzw. angeordnet, daß das neue Verhalten möglichst schnell, sicher und dauerhaft erworben wird, damit es sich in ähnlichen Situationen bewähren kann.

3.2 Die Effektivität läßt sich allerdings nur feststellen, wenn das neue Verhalten der Beobachtung und Beschreibung zugänglich ist. Das ist es sicher beim Schreiben- und Lesenkönnen, beim Interpretieren von Karten, Aufsagen von Wissen, Anwendenkönnen von Regeln, Lösen von Sachaufgaben und dgl. Was aber tritt bei persönlicher Betroffenheit von einem Lesestück, bei neu gewonnenem Interesse für einen Fachbereich, bei jeglicher Änderung oder Verfestigung von affektiven Haltungen oder Werteinstellungen meßbar und beschreibbar in Augenschein? Wiederum zeigt sich die Grenze, die im Begriff „Effektivität" ebenso mitgegeben ist wie in den lerntheoretischen Auffassungen von Lernen.

4. Prinzipien

Prinzip bedeutet etwas Vorgegebenes, Übergeordnetes, das eine Erklärung, Deutung, öfter auch die Gestaltung von Nachgeordnetem ermöglicht. Prinzipien effektiver Unterrichtsgestaltung können beschrieben werden als allgemeine und wesentliche Grundsätze, die für das Unterrichten und Lernen gleichermaßen Geltung beanspruchen.

4.1 Im folgenden verstehen wir darunter Grundsätze der Steuerung jener „Bedingungsfaktoren für Lernleistungen", die es zu erkennen und anzuwenden gilt, um ein möglichst wirkungsvolles Zusammenwirken aller Faktoren zu erreichen (vgl. Roth 1970, 22). Sie beziehen sich auf die Lernplanung (1. Prinzip), die Lernorganisation (2. bis 5. Prinzip) sowie auf die Sicherung und Kontrolle des Lernzuwachses durch den Lehrer (6. Prinzip).

4.2 Alle Prinzipien gehen ineinander ein, so daß eines ohne das andere in der Praxis kaum zur Wirkung kommt. Sie sind des weiteren, wie wir gesehen haben, von der Lernpsychologie her eher auf kognitive und psychomotorische Leistungen abgestimmt und sagen nach unserer Meinung noch zu wenig über das gesamtmenschliche Feld des Unterrichts aus, so daß es geraten erscheint, den erziehlichen Aspekt dieser Prinzipien besonders zu verfolgen, soweit es den Schulalltag betrifft, die pädagogische Dimension des Unterrichts aber auch der Unterrichtsforschung wieder deutlich als eine ihrer ureigensten Aufgaben ins Bewußtsein zu rufen.
Außerdem beschränken wir uns auf einen Katalog von Prinzipien, wie sie heute aktuell und bedeutsam erscheinen, und entfalten sie im Blick auf die unterrichtspraktische Arbeit des Lehrers, ohne alle wissenschaftstheoretischen Hintergründe zu erhellen.

I. Prinzip der Zielorientierung

1. Begriffe

Aus den Forschungen zur Programmierten Unterweisung ging das Fragen nach den Lehr- und Lernzielen hervor: „Was soll der Schüler aus der Fülle der ihm allein in der Schule gebotenen Informationen lernen? Was soll er nach einem bestimmten Unterrichtsabschnitt wissen, können? Auf welche Weise kann der Lehrer erfahren, ob seine Schüler wirklich das gelernt haben, was er sie zu lehren beabsichtigte?" (H. Monzen und H. Rademacher, in Mager, IV)
Lehrziele werden zu Lernzielen, wenn das vom Lehrer intendierte Verhalten dem Schüler als Ziel bewußt wird. Mager stellt fest, der Lehrer, der Schüler über das Ziel im unklaren läßt, „übervorteilt zweifellos seine Schüler" (S. 17). Daher sprechen wir im folgenden von Lernzielen.

1.1 Lernziel

„Unter *Lernziel* versteht man eine Absicht, die durch die Beschreibung der erwünschten Veränderung im Lernenden mitgeteilt wird ... Es ist die Beschreibung eines Katalogs von Verhaltensweisen, die der Lernende äußern können soll" (Mager, 3).
Ein Lernziel ist in dem Maße brauchbar, in dem es „das vom Lernenden erwartete *Endverhalten* beschreibt und definiert" (ebd., 53).

1.2 „*Endverhalten* ist das Verhalten, das der Lernende zeigen können soll, nachdem die Einflußnahme auf ihn beendet ist" (ebd. 2).

1.3 Operationalisiertes Lernziel besagt nichts anderes als „das Ziel müsse in einem nachprüfbaren Schülerverhalten ausgedrückt" werden (Glöckel, 249), es zeige sich sein Erreichen in einer operatio, in geäußerter Aktivität.

1.4 Zusammenfassung: Unter Lernziel verstehen wir die Beschreibung des durch Unterricht herbeizuführenden Endverhaltens, das nach dem Lernen beobachtbar gezeigt werden soll.

2. Lernziele verschiedenen Abstraktionsniveaus

Das Endverhalten kann recht vage umschrieben oder klar definiert werden: „Beherrschung elementarer Kulturtechniken" (LP 71, 5) etwa sagt weder über Art der Kulturtechnik noch über den Grad des Beherrschens etwas aus. Dagegen definiert folgende Beschreibung das Endverhalten unmißverständlich: „Jeder Schüler soll am Ende der Stunde alle erarbeiteten Begriffe (Stiel, handlich ...)

aus dem Gedächtnis in sinnrichtiger Reihenfolge in das Arbeitsblatt fehlerfrei eintragen können." Je nach Grad der Abstraktion unterscheiden wir zweckmäßig:

2.1 *Richtziele*

„Als Richtziel wird jedes Lernziel nach Abstraktionsniveau 3 bezeichnet, ein Lernziel also, das den geringsten Grad an Eindeutigkeit und Präzision aufweist ... und mit umfassenden, unspezifischen Begriffen arbeitet" (Möller, 52). Richtziele dienen auch „zur Erarbeitung der weltanschaulichen Grundlagen der Lernzielerstellung" (ebd.). Beispiele finden sich in den allen Lehrplänen, aber auch den einzelnen Fachbereichen vorangestellten allgemeinen Aufgaben, etwa: „Der Unterricht in Physik/Chemie soll naturwissenschaftliches Denken anbahnen, zum Verständnis von Natur und Technik beitragen und die Eigenverantwortung des Menschen bei der Nutzung von Naturkräften und bei Eingriffen in die Natur aufzeigen" (LP 70, Hauptschule, 235).
„Solche Formeln ... bleiben Leerziele, wenn sie nicht durch weiterführende Präzisierung verdeutlicht werden" (Kopp, in Kitzinger u. a., 22).
Nun könnte der Lehrer im Einzelfall seiner Unterrichtsplanung wohl annehmen, erstens sei ein Richtziel unpraktikabel, zweitens sei es zwar vorgesetzt, aber in konkretere Lehraufgaben sicher mit eingegangen, drittens sei es eine notwendige Vorgabe lediglich für Lehrplanersteller und wichtig für Curriculumforschung, er übersähe jedoch etwas Wesentliches: allgemeine Zielvorstellungen, Bildungs- und Erziehungsziele gehen bewußt oder unbewußt in die Erstellung von Feinzielen mit ein oder — und das wäre bedenklicher — werden in der sachlich orientierten Planung einer Stunde vernachlässigt. Da auch die neuen Lehrpläne Bayerns sich auf facheigene Wissensinhalte und Arbeitsweisen beschränken, ohne die in Richtzielen geforderten Verhaltensweisen voll zu entfalten, „ist die fortwährende Besinnung auf dieses Endziel unerläßlich" (Glöckel, 250). Wir werden unter den affektiven Lernzielen darauf zurückkommen. Es sei nur erwähnt, daß die Lehrpläne von Ländern diese Feinplanung für Werthaltungen und Einstellungen aufgrund des Standes der Curriculumforschung noch gar nicht leisten können, aufgrund der Pluralität legitimer Weltanschauungen und Ideologien in unserer Demokratie in absehbarer Zeit wohl auch nicht zu leisten imstande sein werden. Hier ist der einzelne Lehrer gefordert.

2.2 *Grobziele*

Als Grobziel, von Abstraktionsniveau 2, bezeichnet man ein Lernziel, „das einen mittleren Grad von Eindeutigkeit und Präzision aufweist, nur einige Alternativen ausschließt und eine vage Endverhaltensbeschreibung ohne Angabe des Beurteilungsmaßstabes zeigt" (Möller, 52). Grobzielformulierung war und ist die eigentliche Aufgabe von Lehrplanerstellern, nur wandelt sich die Auffassung vom Begriff, da früher vornehmlich Stoffangebote einbezogen wurden (vgl. Sachunterricht in den Richtlinien 1966), heute neben den *fachlich-inhaltlichen* die *fachlich-prozessualen* Ziele betont werden (Strukturplan, 83), die sich „auf die Beherrschung der Verfahren beziehen, die in einem Fach zur Lösung von fachlichen Aufgaben entwickelt und lehrbar gemacht wurden“ (ebd.). Damit entspricht der Strukturplan seiner Forderung nach dem „Lernen des Lernens“ (ebd., 32). Der LP 71 stellt solche fachspezifischen Arbeits- und Lösungsmethoden erstmals ausführlich vor. Die im LP 71 formulierten „Lehraufgaben“ entsprechen somit in etwa den fachlich-inhaltlichen, die facheigenen Arbeitsweisen den fachlich-prozessualen Grobzielen eines Fachbereichs (vgl. Kopp, in Kitzinger, 22 f.). Es läßt sich die praktikable Gliederung in die Gruppen „Wissen, Einsichten, Erkenntnisse“ (kognitive Ziele) und „Fertigkeiten und Fähigkeiten“ (instrumentale Ziele) erkennen (vgl. Strukturplan, 84), wenngleich sie nicht in allen Fachbereichen des LP 71, auch nicht im LP 70 gleichermaßen konsequent durchgehalten erscheint. Über die Gründe hierfür zu referieren, führte zu weit, ebenso die kritische Überprüfung der genannten Gliederung, die sich doch weithin durchgesetzt hat.

2.3 *Feinziele*

Nach Mager sind Feinziele des Abstraktionsniveaus 1 exakte, eindeutige Beschreibungen „des Endverhaltens (was der Lernende tun wird)“ (S. 13), die neben richtigem Gebrauch entsprechender Verben „die wichtigen Bedingungen, unter denen das Verhalten geäußert werden soll“ und „den Beurteilungsmaßstab für das als ausreichend geltende Verhalten“ (ebd.) beinhalten.
Beispiel: Der Schüler soll aus 10 auf einem Arbeitsblatt vorgegebenen Sätzen jene 4 herausfinden und ankreuzen können, die Einflüsse auf das englische Klima beschreiben. Ab 2 falschen Antworten wird mit „ungenügend“ bewertet.
Gegenbeispiel: Der Schüler soll die wichtigsten Faktoren des englischen Klimas kennen. Welches sind diese Faktoren? Wie zeigt der Schüler, ob er sie kennt?

2.3.1 *Eindeutigere Beschreibung des Endverhaltens*

Folgende Verben lassen weniger Interpretationen zu: „schreiben, auswendig hersagen, identifizieren, unterscheiden, lösen, konstruieren, aufzählen, vergleichen, gegenüberstellen“ (Mager, 11).
Dagegen lassen Begriffe wie „wissen, verstehen, zu würdigen wissen . . ., Gefallen finden, glauben, vertrauen“ (ebd.) das zu äußernde Endverhalten weitgehend offen.
Sieht man ab von der für Programmierte Unterweisung wohl angebrachten, in der Schule nur selten durchführbaren Prüfungsweise des Lernzuwachses, so treten wiederum Verben auf, die sich auf Wissen und Fähigkeiten wie Fertigkeiten beziehen, ohne Einstellungen und Haltungen gerecht zu werden.

2.3.2 *Feinzieldifferenzierung*

Weder die Bloomsche Taxonomie der kognitiven und affektiven Lernziele (vgl. Taxonomy of Educational Objectives, Longmans, Green & Co., New York 1956), noch Guilfords psychomotorische Lernzieltaxonomie, noch Gagnés formale Anordnung von Test-Items bezüglich der vorangegangenen Lernform sind so weit überprüft und für die Praxis entwickelt, daß sie eine einfache Übernahme im Schulalltag ermöglichten. So müssen wir uns auf eine derzeit gangbare Lösung beschränken.

2.3.2.1 *Kenntnisse und Erkenntnisse*

Diese können sich auf Fakten (z. B. Materialeigenschaften, physikalische Gesetze, Regeln der Aufsatzgestaltung) ebenso wie auf Methoden beziehen (z. B. Lösungsweg einer Prozentrechnung, Interpretieren von Gedichten).
Wesentlich scheint — im Vorgriff auf Prinzip III —, daß kein isoliertes Wissen gelernt, sondern auf die Zusammenhänge von Einzelfakten geachtet wird.

2.3.2.2 *Fertigkeiten und Fähigkeiten*

Lesen, Schreiben, Addieren, Venn-Diagramme zeichnen, Prozentrechnungen lösen, Werkstücke herstellen, eine Niederschrift fertigen und dgl. verlangen ein zu äußerndes Können, das sich einmal in mehr physisch-motorischen Fertigkeiten (richtiges Sägen, flüssige Rolle vorwärts, zügiger Schreibablauf), zum andern in mehr geistig gesteuerten Fähigkeiten zeigt (Gesetze anwenden, Texte übersetzen, Textaufgaben lösen, richtig schreiben).

2.3.2.3 *Einstellungen und Werthaltungen*

Einstellungen sind dauerhafte Bereitschaften zu einem bestimmten Verhalten, sei dieses nun positiv oder negativ einzuschätzen. Wir können uns Schüler vorstellen, die mehr oder weniger bereit sind, auf sachliche Probleme sofort einzugehen, sich an Gesprächen zu beteiligen, ihre Aufmerksamkeit bis zur Lösung einer Frage wachzuhalten, eigenes bzw. fremdes Verhalten kritisch zu überprüfen, Verpflichtungen im sozialen Feld einer Klasse zu übernehmen, sich bei Gruppenarbeiten produktiv einzuordnen. Die persönlichen Voraussetzungen, die Schüler aus frühkindlicher Zeit und Familie hier mitbringen, sind sehr verschieden und doch schon relativ beständig, so daß Einstellungsänderungen höchstens über lange Zeit und über zielgerichtete, einsichtige, motivierte Übungen zu erreichen sind. Doch liegen Einstellungen wohl immer — bewußte oder unbewußte — Wertbindungen ganz subjektiver Art zugrunde, weshalb die Schule am Aufbau von reflektierten Werthaltungen mitwirken muß.
Werthaltungen sind „bleibende Dispositionen“ (Steinbüchel, 125), die aufgrund von Bindungen an Wertkonzepte und über oftmaliges Verhalten in gleicher Richtung erworben werden. Die auch und stark affektive Besetzung dieser Wertkonzepte unterscheidet sie wesentlich von rein kognitiven Begriffen. „Wertkonzepte können als Ordnungssystem aufgefaßt werden“, das der einzelne benutzt, um Objekte einzuordnen „nach der Bedeutung, die sie für das Individuum besit-

zen“ (Oerter, 1971, 417). Doch können diese Wertkonzepte korrigiert werden: über *kognitive Prozesse,* indem wir beispielsweise nach Motiven und Folgen fragen, die eine subjektiv-affektive Beziehung zu Personen und sachlichen Objekten charakterisieren (z. B. zu einem Menschen, der als „Feind“ eingestuft wird);
über *Einübung eines anderen Verhaltens,* da Werthaltungen auch, gerade bei jüngeren Schülern, durch eine „Handlungskomponente“ mitbestimmt sind (Oerter, 1967, 170 ff.);
über die *Steuerung der affektiven Beziehung* zu Personen bzw. Dingen durch Lob, Ermutigung, Tadel usw., auch durch Aufzeigen neuer als wertvoll akzeptierbarer Verhaltensweisen (z. B. was ein Schüler tun kann, um in eine Gruppe aufgenommen zu werden). Da gerade die sogenannten „affektiven“ Lernziele in Lehrplänen außer acht gelassen bleiben, die emotionalen Bedingungen jedoch als äußerst bedeutsam selbst für reine Denkprozesse, aber auch für die Anwendung des Gelernten im Leben des einzelnen Schülers erkannt sind, muß der Lehrer dieses offene Problem in Eigenverantwortung angehen.

3. Folgerungen

3.1 Unterrichtsthemen in Feinziele umsetzen!

Beispiele:

Fischfang in der Nordsee → Die Schüler sollen
1. die Fischfangeinrichtungen in der Reihenfolge ihres Einsatzes, (Trawler, Schleppnetz . . .),
2. die möglichen Verteilstationen von der Auktionshalle bis zum Kühlschrank in richtiger Reihenfolge jeweils auswendig aufschreiben können.

Textaufgabe (Schluß von Mehrheit auf Mehrheit): → Jeder Schüler soll wenigstens 3 in der Aufgabe möglichen Wege von der Mehrheit 20 auf die Mehrheit 24 selbst finden und den besten Rechenweg auf Abfrage mündlich begründen können. Zur Prüfung der rechnerischen Lösung soll er einen anderen Lösungsweg wählen.

Weitere Anregungen zu praktischen Lernzielformulierungen:
in Maier H., 213—224
in Päd. Welt 1971/Heft 8, S. 469 ff. und Heft 9, S. 525 ff.
in Sirch L., Hrsg., Der neue Grundschulunterricht in Wochenplänen, Bd. I/II, Auer, Donauwörth 1971
in Natur und Technik i. d. Grundschule, CVK-Lehrerheft, Cornelsen-Velhagen & Klasing, bei Oldenbourg, München
in Spreckelsen Kay, Stoffe und ihre Eigenschaften, 1. Schjg., Diesterweg, Frankfurt/Main 1971
in Mücke R., Der Grundschulunterricht, Klinkhardt, Bad Heilbronn/Obb. 1970[3]

3.2 Nur ein Ziel in den Mittelpunkt stellen!

„Ein einziges, klar umrissenes Ziel muß im Mittelpunkt stehen. Andere dürfen allenfalls am Rande erscheinen“ (Glöckel, 249). Es sollte dem Lehrer klar sein, worauf er den Schwerpunkt legt: auf die Lesefertigkeit oder das Erfassen und Werten eines Kerngedankens im Lesen, auf die Erarbeitung oder sichere Anwendung einer Regel, auf die sichere Beherrschung von Grundbegriffen oder die Übertragung von Einsichten. Daneben können Feinziele gestellt werden, die nur einen Teil, eine Arbeitsweise, eine Besinnung der Stunde betreffen.

3.2.1 Die Entscheidung, ob das Gewicht auf Wissen und Einsichten, ob es auf Fertigkeiten und Fähigkeiten, ob es auf Urteilen und Werten gelegt wird, trifft der Lehrer.

3.2.2 Feinziele dürfen dennoch nicht allein subjektiv erstellt werden, sie sind an dem Stand der Wissenschaften, mehr noch an der Didaktik der betreffenden Wissenschaft zu orientieren, besonders hinsichtlich der Begriffsbildung, der Sprech- und Arbeitsweisen.

3.3 Bedeutung für den Lehrer

Die Unterrichtsorganisation wird wesentlich vom differenziert formulierten Feinziel bestimmt und kann von der Erreichung dieses Zieles her beurteilt werden. Lernblinde Phasen werden ausgeschlossen. Feinziele dieser Art ermöglichen eine objektivere Überprüfung, ob Schüler Ziele eines Lehrgangs erreicht haben (vgl. Prinzip VI).

3.4 Bedeutung für den Schüler

„Für jede Lernaufgabe sollte dem Schüler das angestrebte Ziel, das ‚Können‘, das nach dem Vollzug zu erwarten ist, so deutlich wie möglich vorgestellt werden“ (Skowronek, 122). Der Schüler kann sein Endverhalten selbstkritisch nur dann beurteilen, wenn er es am klaren Ziel zu messen in der Lage ist, wird also Erfolg oder Mißerfolg vom Ziel her konstatieren. Diese persönliche Einschätzung eigenen Verhaltens bestimmt aber letztlich über das „subjektive Anspruchsniveau“ (O. Engelmayer), das in die weitere Lernbereitschaft eingeht. Wahrscheinlich müssen Ziele künftig klarer als solche vom Lehrer verdeutlicht und vom Schüler *selbst* formuliert werden, so daß wir uns mit der Angabe von Problemen etwa nicht begnügen können.

Restprobleme zur Lernzielerstellung

3.5.1 Ziele werden nicht vom Schüler akzeptiert werden, wenn sie nicht zugleich Motive zu ihrer Erreichung enthalten (vgl. Prinzip II).

3.5.2 Über- und Unterforderung lassen das Anspruchsniveau außer acht. So sind Lernziele dem Schülerkönnen anzupassen (vgl. Prinzip V) und bei vorgesehener Differenzierung wohl für die Gruppen getrennt zu erstellen.

II. Prinzip der Motivierung

1. Begriffe

„Unter Motivation verstehen wir ... einen Zustand des Angetriebenseins, in welchem sich Motive manifestieren, die auf die Reduktion einer Bedürfnisspannung abzielen“ (Correll 1970, 67). Bedürfnis ist dabei im weitesten Sinne zu interpretieren. Schiefele und Gagné sprechen von *Motiven* als *Beweggründen,* die zu einem bestimmten Verhalten veranlassen (Gagné, 169). Motiviertsein bedeutet dann, „daß sich der Lernende mit dem Lehrziel identifiziert, daß er es zu seinem eigenen macht. Lehrziele, die in keiner Form als eigene akzeptiert werden, werden auch nicht erreicht“ (Schiefele, 1969, 81).
Hier bricht die ganze Problematik schulischen Lernens eigentlich auf: Verschiedene Schüler verschiedener Herkunft, mit verschiedener vorschulischer Lerngeschichte, in verschiedener körperlicher und seelischer Verfassung, werden mit dem in festen Lehrplänen organisierten objektiven Kulturgut (Kerschensteiner) konfrontiert und sollen es als bedeutsam, als lebenswichtig annehmen. Während im außerschulischen Lernen die subjektive Auswahl von Zielen voll zum Tragen kommt, muß in der Schule objektiv vorgegebenes Lehrgut in den Motivationshorizont der Schüler gebracht werden.

1.1 Motivation ist eine Sache der ganzen Person, wie wir unten sehen werden, und so vielfältig, wie nur Strebungen von Menschen vielfältig sein können, und seien es nur Abwehrbestrebungen, um Mißerfolg zu vermeiden.

1.2 Lernmotivation, auf die wir uns im unterrichtlichen Bereich beschränken wollen, kann sich auf zwei verschiedene Bereiche von Beweggründen beziehen:

1.21 Intrinsische, primäre oder sachbezogene Motivation ist gegeben, wenn die zu lernende Sache, das zu erwerbende Verhalten selbst Beweggrund des Lernprozesses wird. So etwa, falls ein Schüler Freude am Lösen von Problemen hat und nicht Lösungen um der Belohnung oder Benotung wegen angeht. Nur diese intrinsische (in dem Lernziel selbst gegebene) Motivation führt auf die Dauer zu Lerninteressen, die „eine Fortführung der Anregungen des Unterrichts im späteren Leben bewirken“ (Strukturplan, 85).

1.2.2 Extrinsische, sekundäre oder sachfremde Motivation liegt vor, wenn der Beweggrund des Lernens nicht im Lehrziel selbst, sondern außerhalb von ihm gesucht wird, etwa in der Anerkennung der Leistung oder in der Vermeidung von Strafe. Solche sachfremde Motivation bewirkt, daß Schüler an Fächern und am Lernen überhaupt die Lust verlieren und „später von dem in der Schule Gelernten nichts mehr wissen wollen“ (Strukturplan, 85).

2. Übersicht über Variable der Lernmotivation

Viele veränderbare Faktoren (= Variable) gehen zusammen in die Lernmotivation jedes Menschen ein und bilden „ein unlösbares Ganzes, ein feines und in seinen Zusammenhängen nie ganz durchschaubares Gewebe der einen und unteilbaren Person“ (Guyer, 185). Dennoch bietet die Forschung ein für Lehrer hilfreiches System an, das Einblicke in diese Zusammenhänge und praktische Folgerungen erlaubt. Wir wählen die Darstellung von Heckhausen (in Roth 1970, 193 ff.), ergänzt durch Befunde von Schiefele.

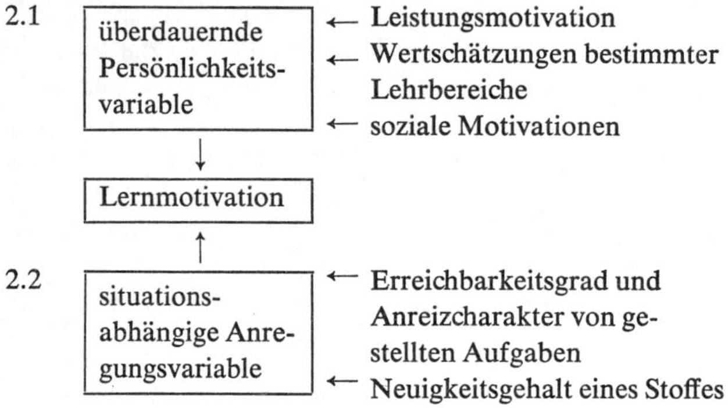

Leistungsmotivation und Wertschätzung von Lernbereichen einerseits, Erreichbarkeitsgrad, Anreiz- und Neuigkeitscharakter von Aufgaben andererseits zählen zu den intrinsischen, sachbezogenen Variablen der Lernmotivation. Extrinsische Variable spielen aber bei allem Lernen eine ebenfalls bedeutsame Rolle. Außerdem hängen, es sei nochmals betont, alle Variablen untereinander zusammen.

3. Deutung der Übersicht

3.1 Leistungsmotivation ist „das Bestreben, die eigene Tüchtigkeit in allen jenen Tätigkeiten zu steigern oder möglichst hoch zu halten, in denen man einen Gütemaßstab für verbindlich hält“ (Heckhausen, 194). Sie kann von Hoffnung auf Erfolg oder von Furcht vor Mißerfolg geprägt sein (ebd., 196). Wir kennen die Erscheinung, daß Schüler in manchen Fachbereichen wenig leistungsorientiert sind, den *Wunsch* vermissen lassen, *„zu einem bestimmten Tun fähig zu sein“*, wie Gagné (S. 171) Leistungsmotivation umschreibt. Der häufigste und bedeutsamste Grund dafür dürfte wohl wiederum in der Lerngeschichte des Schülers zu suchen sein: in dem stillschweigend entworfenen Konzept, daß das zu Lernende für seine Lebensgestaltung im weitesten Sinne unwichtig oder eingestandener-

maßen unerreichbar sei. So bleibt dem Lehrer, bei jedem Stundenbeginn, bei jeder neuen Aufgabe, stets Bezüge zum Lebenshorizont des Schülers herzustellen oder über die Gestaltung der Ausgangssituation den Wunsch des Schülers zu ihrer Bewältigung zu aktivieren. (Auf Möglichkeiten wird noch verwiesen.)
Als überdauernde Variable wächst die Leistungsmotivation; sie ist nicht anlagemäßig vorgegeben, beruht auf fortwährender Entfaltung des „sachstrukturellen Entwicklungsstandes" (Heckhausen, 199) und des „kognitiven Stiles" (203) jeden Schülers, so daß die Lernanforderungen zunehmend Sachstrukturen erschließen und kognitive Umgangsweisen mit Sachgebieten anbahnen müssen. Daß diese Entwicklung der Motivation vom 3. bis 8. Lebensjahr grundgelegt wird, läßt uns die Reform der Grundschule in anderem Lichte sehen, und es werden deutlichere Erklärungen möglich für Schulversagen in der Orientierungsstufe und Hauptschule. Eine zu frühzeitige Ausschließung von Tüchtigkeitsbereichen aus dem Motivationshorizont der Schüler dürfte außerdem eine unzulässige Verarmung jeder personalen Bildung zur Folge haben.

3.2 Wertschätzung bestimmter Lehrbereiche als dauerhafte Variable im Schüler kann nach Heckhausen durch die Übernahme der Wertschätzung bestimmter Lehrbereiche von den Eltern und der Öffentlichkeit entstehen, aus dem Wissen um die Bedeutsamkeit für ein Berufsziel, schließlich über die Identifikation mit dem vertretenden Lehrer. Was ein Lehrer nicht schätzt, kann kein Schüler unbesehen hochachten; wenn der begeisterte Biologielehrer nur Zynismus über das Nichtwissen der Schüler zeigt, dürfte auf die Dauer Biologie bei jedem Schüler Abneigung hervorrufen.

3.3 Soziale Motivationen

Unter ihnen faßt man alle Lern-Beweggründe zusammen, die aus der sozialen Situation des Unterrichts entspringen können:

3.3.1 Zunächst „das Bedürfnis nach *Identifikation* mit dem Erwachsenenvorbild" (Heckhausen, 195). „Das Vorbild wird vom Menschen als Richtmaß für die Entfaltung der eigenen Daseinsthematik gesetzt. So kann es zum Schlüssel der Motivaktivierung überhaupt werden" (Schiefele, 1963, 119). Identifikation wird ermöglicht über personale Begegnung, in der Vertrauen und Sicherheit herrschen. Gerechtigkeit, Fairneß und Ausgeglichenheit des Lehrers sind Bedingungen eines Identifikationsvorganges, der als Motivation den Lernprozeß stützt.

3.3.2 Dem Bedürfnis nach *Zustimmung* zur Person und Leistung des Schülers entsprechen eine optimistische Grundhaltung und soziale Gesinnung des Lehrers zum einen (Schneid, 31 ff.), geregelte, das Selbstwertgefühl jedes Schülers achtende Verhaltensweisen der Klasse zum andern. Wo stille und sensible Schüler überhört werden, sind wohl überwiegend sachfremde und augenblickliche, weniger intrinsische Lernmotive in einer Klasse aktualisiert.

3.3.3 Dem Bedürfnis nach *Geltung* in den Augen des Lehrers und der Mitschüler wird ein Unterricht am ehesten gerecht, der jedem sichtbare Erfolge ermöglicht und jedem die Chance der Selbstbehauptung in Sozialformen der Selbsttätigkeit einräumt. Wird Geltung auf die Dauer vorenthalten, fällt eine tragende Motivationsstütze aus.

3.3.4 Zuletzt kann auch das Bedürfnis nach *Strafvermeidung* ein Motiv für Verhaltensänderung sein, sei es auch negativ vorgezeichnet (Heckhausen, 195).
Diese überdauernden Persönlichkeitsvariablen ändern und konsolidieren sich im Laufe von Jahren. Sie im Unterricht zu berücksichtigen, erleichtert das Lernen, heißt jedoch nicht, nur zu lehren, wozu der einzelne motiviert ist. Wo Motivationsschwäche bei Schülern aufscheint, sind neue Beweggründe zu erschließen, aber dem Lehrer sind hier Grenzen gesetzt, da er beispielsweise nicht wirksam gegen eine beständige Beeinflussung durch Eltern und Medien angehen kann.

3.4 Erreichbarkeitsgrad und Anreiz von Aufgaben

stehen in den vom Lehrer steuerbaren situationsabhängigen Anregungsvariablen an erster Stelle. Es „üben Aufgaben nur innerhalb einer mittleren Schwierigkeitszone einen Anreiz aus und motivieren den Schüler intrinsisch; nicht dagegen das zu Leichte oder das zu Schwere“ (Heckhausen, 212). So ist der Schwierigkeitsgrad von Problemen und Lernzielen zwar notgedrungen „auf die mittlere Leistungstüchtigkeit der Klasse“ (ebd.) abzustimmen, aber — wenn nicht differenziert werden kann — hinzunehmen, daß Schüler des oberen und unteren Leistungsbereichs unter- bzw. überfordert werden. Das subjektive Anspruchsniveau jedes Schülers wird nie adäquat, nur annähernd im täglichen Klassenunterricht berücksichtigt werden können. Daß im Laufe von Jahren die Unterschiede innerhalb von Klassen und Fachbereichen zunehmen, hängt mit der Lernerfahrung des Schülers zusammen, der Motive nicht mehr aktualisieren kann, da Mißerfolge zu oft eintraten. Die Erfolgswahrscheinlichkeit wird zu gering.
Ein anderes wird deutlich: Keine einzige Motivationsvariable allein genügt für sich zum Lernantrieb. Motive, und seien es extrinsische, sind vielfältig anzusprechen.
Zum *Anreizcharakter von Aufgaben* stellte die Forschung fest, „daß mittlere Schwierigkeitsgrade, bei denen Erfolgs- und Mißerfolgsausgang ungefähr gleich wahrscheinlich ist, den höchsten Motivierungswert haben“ (Heckhausen, 195). Mechanische Übungen erscheinen nun fragwürdig, wenn nicht je neue Schwierigkeiten, die eigenes Denken fordern, eingebaut werden.
In der Praxis dürfen wir den Erreichbarkeitsgrad und Anreizcharakter von Aufgaben zu einem Kriterium zusammenfassen.

3.5 Der *Neuigkeitsgehalt* eines Stoffes wirkt lernanregend, weil durch das Neue „die Erwartungsschemata des Schülers (das Vertraute) in einem mäßigen Grade durchbrochen werden" (Heckhausen, 196). Skowronek hebt als wesentliches Charakteristikum einer motivierenden Ausgangssituation den „Konflikt im Wahrnehmenden" (S. 100) hervor, so „daß von vornherein nicht eine bestimmte Antwort gegeben werden kann" (ebd.). An diesem Punkt werden wir hauptsächlich ansetzen und praktische Wege suchen müssen.

4. Folgerungen

4.1 Möglichkeiten sachbezogener Motivation kennen und nutzen!

4.1.1 Problemstellungen sind so zu gestalten, daß sie, bezogen auf den in einem Fach erreichten Wissens- und Könnensbestand einer Klasse, einen mittleren Erreichbarkeitsgrad aufweisen, also *an der oberen Grenze des Anspruchsniveaus* der Klasse liegen! Keine Über-, keine Unterforderung!
Bei großen Leistungsunterschieden in der Klasse muß man differenzieren und getrennte Aufgabenstellungen anbieten, die dieser Forderung gerecht werden.
Begründung: Leistungsmotivation „ist ebenso eine Bedingung wie eine Folge des Lernens" (Skowronek, 95), so daß sie im Laufe der Schuljahre in den Fachbereichen nicht als Persönlichkeitsvariable aufgebaut werden kann, wenn nicht das Anspruchsniveau angehoben wird.

4.1.2 Über die Motivierung durch die Problemsituation einer Stunde hinaus *umfassendere Motive erschließen!*

Beispielsweise scheint es angebracht, bei Einführung neuer Arbeitsweisen, eines neuen Faches, eines neuen Sachgebietes den Zukunftsbezug (Schiefele 1963, 114 ff.), den Bezug zu Berufen (Gagné, 201), die Bedeutung für die Klassengemeinschaft oder die persönliche Lebensgestaltung zu erhellen. Mit zunehmendem Alter gewinnt dieser Aspekt an Gewicht, da die Schule so am Aufbau einer Lebensthematik und -konzeption des Schülers beteiligt ist.
Öfter wird es notwendig sein, negative Wertschätzungen von Lehrbereichen und Verhaltensweisen kennenzulernen, wie sie Schüler von Eltern und Öffentlichkeit übernehmen, und solche negativen Motive abzubauen, indem man mit Schülern und Eltern darüber spricht (vgl. 3.2).

4.1.3 Gestaltung der Ausgangssituation (vgl. 3.5)

Jeder Unterricht sollte mit einer „Ziel-Zug-Situation" beginnen, in der Barrieren erlebt, echte Fragen geweckt werden, „wobei die Antriebs- und Steuerungskräfte aus der Sache selbst hervorgehen" (Skowronek, 121). Sicher sind hier die Möglichkeiten recht verschieden, je nach Fachbereich, je nach Ziel des Unterrichts, ob es sich um *Probleme* handelt, für die „eine einzige oder wenige Lösungen existieren" (Aebli, in Roth 1970, 155), oder um *kreative Aufgaben,* für die „ein relativ großer Grad der schöpferischen oder erfinderischen Freiheit vorliegt" (ebd.).

Dennoch lassen sich Wege konkret angeben, von denen einige herausgegriffen werden:

4.1.3.1 „Originale Begegnung“ (H. Roth, 1967, 109 ff.)

„Alle methodische Kunst liegt darin beschlossen, tote Sachverhalte in lebendige Handlungen rückzuverwandeln, aus denen sie entsprungen sind: Gegenstände in Erfindungen und Entdeckungen, Werke in Schöpfungen, Pläne in Sorgen, Verträge in Beschlüsse, Lösungen in Aufgaben, Phänomene in Urphänomene“ (Roth, 1967, 116). Schiefele spricht vom „Gegenstand als Prozeß“ (1963, 150).

Beispiele: Rechte und Pflichten von Zeugen (Sozialkunde, 7. Schjg.)
— Erzählung, Schülererlebnisse oder Filmanfang (FT 483): Hans wird Zeuge eines Unfalls — was nun? Aussagen oder nicht? Was wird die Polizei fragen?
oder: „Erholungsräume“ (LP 70, 164-Erdkunde, 5. Schjg.)
— Bauer im Bayer. Wald (Wegscheid) will Fremdenzimmer ausbauen lassen: Überlegungen? Gründe?
— H. Maier plant seinen Urlaub im Bayerischen Wald. Wir planen und überlegen mit.
oder: Die Post und ihre Einrichtungen (3. bzw. 4. Schjg.)
— Ein Brief wird abgeschickt.

4.1.3.2 „Der *Kontrast* ... befruchtet überraschend die Beobachtung der Schüler“ (Aebli, 1966, 105) und erzeugt „eine gefühlsmäßige Spannung, eine Beunruhigung“ (Schneid). Der Widerspruch fordert heraus.

Beispiel: Aus der Kaffeekanne, dann aus der Dose mit einer Öffnung Flüssigkeit auszugießen versuchen: Woran liegt es, daß es mit der Dose nicht geht?
oder: langweiligen und spannenden Aufsatz vorlesen;

4.1.3.3 Überraschung kann erzielt werden, indem etwas vorgeführt wird, „das den Erwartungen der Schüler widerspricht“ (Skowronek, 104).

Beispiel: Licht- oder Taschenlampenschalter betätigen lassen, Licht leuchtet nicht auf: Rekonstruktion des Stromkreises, seine möglichen Versagensquellen erforschen.

4.1.3.4 Menschen in Entscheidungssituationen vorstellen!

Einsichten gerade der Sozialkunde, Geschichte, Arbeitslehre werden von Anfang der Schule an oft nur gewonnen werden können, indem Entscheidungen an repräsentierenden Personen (fiktiven oder echten) mit nachvollzogen werden (vgl. Schiefele 1963, 153).

Beispiel: Herr Huber ärgert sich über den Motorradlärm des Nachbarjungen an jedem Samstag: Was könnte er alles unternehmen? Jeweilige Folgen?

oder: Peter der Große will Rußland bis zum Meer ausdehnen: Möglichkeiten? Widerstände?
Ausgehend von „verfremdeten" Erlebnissen und Erfahrungen der Schüler, ermöglichen wir ihnen die Identifikation und die Lösung eigener Fragen.

4.1.3.5 Das *„Primärmotiv des Machens"* (Schiefele, 1963, 166) oder die *„Spielmotivation"* (ebd. 144) des Schulanfängers ansprechen!
Wo Aufgaben zum tätigen, selbständigen Bewältigen gestellt werden, erzeugt die Ungewißheit der Lösung einen Druck, der genutzt werden sollte. Solche Aufgaben wenden sich entweder mehr an die kognitive oder mehr an die manuelle Fähigkeit oder mehr an die schöpferische Phantasie des Schülers. Mathematik konfrontiert Kinder vom ersten Tag an mit Handlungsproblemen, die mit Überlegung gelöst werden wollen; Schreib- und Leseschulung, Musik, Leibeserziehung und handarbeitendes Tun sprechen immer wieder das Machensmotiv an; selbst der Sachunterricht bedient sich im Modell der Handlungseinheit, im Rollen- und Szenenspiel, im Beitragenlassen von Bildern und Berichten dieses ursprünglichen Motivs, und wenn Deutschunterricht in vielen Fällen vor Gestaltungsaufgaben stellt oder im Dienste der Sprachgestaltung steht, so ergeben sich mannigfache Formen der Ausgangssituation.

4.1.3.6 Wenn bei Untersuchungen nachgewiesenermaßen bereits Grundschulkinder „weder bereit noch fähig waren, produktive Fragen zu stellen, auch wenn ihnen Ereignisse demonstriert wurden, die ihre Neugierde anregten" (Skowronek, 105), so waren sie nicht dazu angehalten worden und zu sehr an darbietenden Unterricht gewöhnt, in dem Lehrer Erklärungen und Lösungsmethoden anboten, ohne die Schüler an Probleme und Konflikte heranzuführen. Auch das Fragen muß gelernt und gefördert werden.
Ausgangssituationen, wie sie hier vorgestellt werden, führen über *Aussprachen* mit den Schülern zu
klaren Problemstellungen, die zunächst als Lernziel vom Schüler entworfen und möglichst an der Tafel festgehalten werden.

4.1.3.7 Schwierigkeiten werden auftreten, wenn die Ausgangssituation unüberschaubar bleibt oder zu viel Neues enthält, das mit vorhandenem Wissen nicht erklärbar ist, Probleme also nicht in Kontiguität mit bisherigen Lernerfahrungen stehen (Skowronek, 82). Zu Recht spricht Schiefele von der „Durchschaubarkeit des Gegenstandes" (1963, 144), die dem Lehrer des öfteren eine sachlich zulässige Vereinfachung des Lernobjektes abverlangt (vgl. Prinzip III).

4.2 Emotionale und soziale Bedingungen der Lernbereitschaft berücksichtigen!

Wir sprachen sie unter 3.3 an. „Eine Atmosphäre zu schaffen, in der der Schüler ohne Scheu ‚Ich weiß nicht' antworten kann, ist nicht nur für leistungsängstliche Kinder bedeutsam" (Skowronek, 116), anders ausgedrückt: Man weiß, „daß Angstniveau und Intelligenzquotient negativ korrelieren" (ebd., 114).

Jede Bedrohungssituation durch das Lehrerverhalten, durch das Verhalten von Mitschülern oder durch zu hohe Anforderungen, jede Isolierung des Schülers bei überwiegendem Frontal- und Direktunterricht, jeder äußere (Lärm, Unruhe, schlechte Beleuchtung, Kälte usw.) oder innere (Müdigkeit, Sorgen und dgl.) Störfaktor kann sachbezogene Motivationen im Schüler abbauen oder ganz verhindern. Hier vermag allein der Lehrer feinfühlig die Situation zu erfassen und Gegenmotive zu entkräften (vgl. Oerter, 1971, 476 ff.; Guyer 187 ff.; Roth 1967, 227—252).

4.3 Zusammenfassung

Sachbezogene Motivation läßt sich am ehesten erreichen über die Gestaltung einer Ausgangssituation, die problemlösendes oder kreatives Verhalten von Schülern herausfordert. Die Schüler selbst formulieren in einer „Situationsanalyse" ihr Ziel (vgl. Bergius, in Roth 1970, 256). Den sachfremden Motivationen, besonders der Ermutigung, kommt eine wichtige Stützfunktion zu.

III. Prinzip der Strukturierung

1. Begriffe

Alles Wissen um die Welt, gesammelt und geordnet in den Wissenschaftsbereichen, könnte man sich als beinahe unendliche Menge einzelner Fakten vorstellen, aus der der Schüler ein bestimmtes Quantum sich einprägt, ebenso vermöchte man sich auszudenken, alle Verhaltensweisen, die Menschen je in bestimmten Situationen zeigen, wären eine beinahe unendliche Summe, aus der jeder Mensch im Laufe seines Lebens eine bestimmte Menge erlernt, mehr durch unreflektierte Übernahme als zielstrebig bewußt.
Demgegenüber läßt sich eine *Struktur,* ein geordnetes Gefüge, ein innerer Zusammenhang erkennen *in allem Wissen* der Fachbereiche, gleichfalls eine Struktur, ein geordneter Aufbau *im Erwerb von Verhaltensweisen,* obwohl gesagt werden muß, daß die Forschung hier erst am Anfang steht.

1.1 Selbst die Gefüge der Wissenschaften geraten heute wieder ins Wanken, können umstrukturiert werden, wenn wir z. B. an die klassische Einteilung der Physik in Mechanik, Akustik usf. denken, die zugunsten abstrakterer Kategorien auflösbar scheint, damit physikalische Erscheinungen von allgemeingültigen Konzepten her erklärbar werden. Solche hinter allem Wissen eines Fachbereichs stehenden *Erklärungs- und Ordnungskategorien* — wie die Basiskonzepte der Physik/Chemie — werden von Wissenschaften und Didaktiken gleichermaßen entwickelt. Sie zu kennen und richtig übertragen zu können auf die Erscheinungen der Welt, würde bedeuten, für alles Gegenwärtige und wahrscheinlich Zukünftige eine Erklärungs- und Beurteilungsmöglichkeit zu besitzen. Wie gesagt, wir sind weit davon entfernt.

1.2 Ähnlich verhält es sich mit den Strukturen des Lernens, mit den daraus entstehenden *Lernstrategien,* also den planmäßigen Verhaltensweisen, mit denen der Schüler verschiedenen Situationen gegenübertritt zu ihrer Bewältigung (Lernstrategien gegenüber neu zu lernenden Begriffen, Wörtern, Regeln, Bewegungsabläufen, neu zu lösenden Problemen kognitiver, wirtschaftlicher, sozialer, ästhetischer, sittlicher u. a. Art). Den Besitzstand, den ein Kind in einem Fach an geordnetem Wissen und an Lernstrategien zur Verwendung dieses Wissens erreicht hat, bezeichnet man allgemein als *„sachstrukturellen Entwicklungsstand"* (Heckhausen, 193). Dieses Aufgabenfeld der Lernpsychologen wurde bisher vom Streit der Lerntheorien beherrscht, die alles menschliche Lernen auf eine bestimmte Anzahl von Lernformen zu reduzieren suchten (Reiz-Reaktions-Lernen, Versuch-Irrtum-Lernen, Beobachtungslernen u. dgl.). Die Arbeit von Gagné brachte hier eine vorläufige Klärung, indem sie eine Hierarchie von Lernarten erstellte, die eine Deutung verschiedener Lernstrategien in einzelnen Fachbereichen zuläßt (vgl. Übersicht in Skowronek, 77). Eine Übertragung dieser Erkenntnisse in den Unterrichtsalltag dürfte in dieser differenzierten Weise noch nicht möglich sein, dennoch ergeben sich Folgerungen erster Art:

1.3 Neues kann nur gelernt werden, wenn die in ihm enthaltenen Elemente eindeutig klar sind. Präzise, abgegrenzte Begriffe z. B. sind Bedingung für ihre Verbindung zu einer Regel (Rundes rollt; oder: Höhe, Seiten, Dreieck, Fläche sind Begriffe, Quadrat- bzw. Rechteckflächenregel sind vorausgesetzte Regeln für die Regel zur Dreiecksflächenberechnung); Regelbeherrschung ist Bedingung für ihre Anwendung auf neue Problemlösungen, bei denen auch mehrere Regeln herangezogen werden müssen, etwa bei der Lösung von Textaufgaben, beim Entwerfen von Werkaufgaben u. dgl.

1.4 Ein strukturgemäßes Vorgehen, eine *„Aufteilung der Lernaufgabe in Teilkomponenten“* (Skowronek, 80) scheint unabdingbar für den Unterricht zu sein. „Komplexe Lernsituationen können als Integration von Teilaufgaben verstanden werden. Es gibt eine optimale Abfolge dieser Teilaufgaben im Lernprozeß“ (ebd., 83). Diese Erkenntnis bezieht sich auf die Anordnung von Lehrgängen (z. B. Mengendarstellung, -zuordnung, -vergleich usw.) ebenso wie auf den inneren Aufbau einer Lehreinheit, von der eine logische Abfolge von Teilzielen verlangt wird (z. B. finden Schüler zuerst Teile und Eigenschaften eines Gegenstandes, dann suchen sie nach ihren Beziehungen untereinander, zuletzt kann evtl. ein Erklärungsprinzip für diese Beziehungen festgestellt werden). Grundsätzlich ging es uns bei diesem Prinzip der Strukturierung um die Feststellung, wie die logischen oder begrifflichen Strukturen der Wissenschaftsbereiche (über die noch nicht in allen Fachbereichen annähernd Einigkeit besteht) so in die bereits bestehende kognitive Struktur des Lernenden überführt werden könnten, daß der Lernende dieses neu gefügte Wissen wieder einsichtig auf Nichtgelerntes anwenden kann. Um nun auf festem Boden zu bleiben, beschränken wir uns auf folgende Untersuchungen:

— Was kann über strukturiertes Wissen für den Unterricht gesagt werden?
— Welche Struktur, welchen Aufbau muß der Unterricht haben, damit der Schüler Lernstrategien entwickelt, die den Problemen eines Fachbereichs entsprechen? Hier steht die Artikulation des Unterrichts in Frage.

Beides gehört zusammen: Über Problemlösungen im Unterricht werden Strategien des Problemlösens entwickelt und wird zugleich einsichtiges, strukturiertes Wissen angeeignet.

2. Strukturiertes, einsichtiges Wissen

2.1 Kein beziehungsloses oder unverarbeitetes Wissen!

Vom Negativen her ist das Gemeinte klar zu erkennen: Zu wissen, daß die Kirche im Ort um 1286 erbaut, 1646 abgebrannt, 1680 erneuert, 1753 barockisiert,

1944 zerbombt und 1949 wieder aufgebaut wurde, welche Bedeutung hat dieses Wissen, das keine historischen Zusammenhänge zur Erklärung und Einordnung der Ortsgeschichte hat? Totes, unzusammenhängendes, bald zu vergessendes Wissen!

Oder: Wissen wir stets genau, welche Assoziationen und Deutungen Kinder mit Begriffen verbinden, die wir obenhin gebrauchen, etwa „Wirtschaft", „Demokratie", „gerecht", „messen"?

Dem Anschein nach bestehen hier allerdings Ausnahmen: Was an Einsicht steckt beispielsweise im Erlernen erster Fremdsprachenvokabeln? Es ist nun zu bedenken, daß Neues stets auf bereits vorhandene „Strukturen" und „Strategien" im Lernenden trifft und von daher integriert wird. Selbst solch als mechanisch abgetanes Lernen kann durch sinnvolle Anordnung von Wortgruppen (in Wort- und Sachfelder etwa oder nach gleichem Wortbeginn und ähnl.) zu irgendwie strukturiertem Wissen führen, aber ein echtes Verstehen ist nicht gefordert. Letztlich vergißt der Mensch auch deshalb so viel, weil das Gelernte nicht in die kognitive Struktur überführt, sondern unverbundenes, isoliertes Faktenwissen war. Im folgenden legen wir uns demgegenüber auf Unterricht fest, in dem problemlösendes Lernen Vorrang hat, da verstandene, in Zusammenhänge eingeordnete Elemente „sehr resistent gegen Vergessen sind" (Skowronek, 136).

2.2 *Einsichtiges Wissen ist „organisiertes" Wissen*

Lernen als „Organisieren" heißt Beziehungen und Zusammenhänge zwischen Einzelelementen herstellen.

2.2.1 „Erwerb von Begriffen macht Unterricht erst möglich" (Gagné, 113). Begriffe sind das „Ergebnis des Verstehens verschiedener Objekte" (Kostjuk, 258), das Verstehen selbst ist ein „Erkenntnis- und Denkprozeß, dessen Ziel das Aufdecken wesentlicher Zusammenhänge und Beziehungen zwischen den Objekten ist" (ebd. 257), also „ein aktiver Prozeß". Begriffe als Ergebnis von oft praktischen, dann geistigen Akten (Piaget u. a.) bilden sich durch Vergleich und Unterscheidung, Analyse und Synthese, durch Ordnen, Gruppieren und Klassifizieren von Objekten. So kann der Begriff „Strecke" erworben werden durch angeleitetes Aneinanderfügen von Punkten in gerader Linie, durch vorgestellte Analyse der anschaulichen Strecke in unendlich viele Punkte mit Anfangs- und Endpunkt, durch Vergleich von Strahl und Gerader, aus dem die Merkmale eben des Begriffs „Strecke" gewonnen werden. Jeder Unterricht wird auf klare Begriffe drängen müssen. Testfall der Begriffsbildung beim Schüler ist die Anwendung von Begriffen, die der Lehrer darauf überprüft, ob nicht unklare Elemente in den Begriff eingegangen sind (Gagné, 112).

Begriffe können mehr oder weniger allgemein sein, mehr oder weniger auf praktischen und kognitiven Akten beruhen. Begriffe von Dingen (Substantive), Orten (Substantive und Präpositionen) und Ereignissen (Verben) erwachsen aus dem Tun (z. B. „Holz“ aus dem Vergleich mit anderen Materialien und der Zuordnung bestimmter Eigenschaften, „hinter“ aus den Anordnungen von Dingen eines hinter dem anderen oder Aufsuchen, welches Ding hinter dem andern ist, „weben“ aus dem Herstellen von Gewebe oder dem Analysieren von Geweben oder dem Vergleich zwischen Gewobenem und Gestricktem, Geflochtenem etc.).

Das begründende Tun mag aber mehr kognitiver Art sein, etwa bei den Begriffen „Mitmensch“, „Güte“, „Parallelogramm“, „Atom“, „Vererbung“ u. dgl., in denen praktisches Umgehen mit Objekten nicht mehr genügt, die selbst wieder den Besitz einfacherer Begriffe voraussetzen, was am Begriff „Parallelogramm“ einzusehen ist.

Was folgt daraus?

2.2.2 *Begriffe sind,* wo immer möglich, *vom praktischen Tun her zu gewinnen* mit konkreten Dingen oder Personen. Dies gilt insbesondere für die einfacheren Grundbegriffe, die in der Grundschule zu erarbeiten sind. Begriffe erst ermöglichen, die Erfahrungen der Schüler zu ordnen. Die Mathematik in der Grundschule geht diesen Weg vor.

2.2.3 Es gibt eine Hierarchie von Begriffen, vom Konkreten zum Abstrakten, wobei konkretere Begriffe die Grundlage für abstraktere und für die Verallgemeinerung von Begriffen sind. Wer „Umweg“ nicht konkret erfaßt hat, kann „Umweg“ kaum sinnrichtig gebrauchen, wenn ein Schüler nicht den kürzesten „Rechenweg“ geht.

Abstraktere, *komplexere Begriffe* sind ebenso über Vergleich, Unterscheidung, Zuordnung von gemeinten Inhalten, durch Gruppierung usf. zu strukturieren, auch im späteren Fachunterricht, oder über Verallgemeinerung konkreterer Begriffe zu gewinnen, indem diese variiert werden, um neue Zusammenhänge auszudrücken, z. B. „Gewebe“ konkret, jetzt „Gedankengewebe“; oder: „Markt“, ein Begriff, der ständig komplexer wird, je mehr Zusammenhänge der „Marktwirtschaft“ in den Begriff eingeordnet werden müssen.

2.2.4 Begriffsreichtum, Abstraktionsniveau der Begriffe und Beweglichkeit im Anwenden von Begriffen sind wesentliche Faktoren kognitiven Verhaltens jedes Menschen (vgl. Bergius, 250). Da die Begriffe weiter die Art jeder Problemlösung bedingen, ist *Begriffsbildung* in diesem Sinne *erste und wichtigste Aufgabe* eines jeden Unterrichts, der zum Denken erziehen will. Oerter spricht in diesem Zusammenhang von dem „begründeten Verdacht, daß viele der außerordentlich tief verankerten Werthaltungen und Vorurteile durch frühzeitige Begriffsbildung entstanden sind ... Neben Rassen- und Klassenvorurteilen ist der Gebrauch inhaltsleerer Begriffe, wie ‚Kapitalismus‘, ‚Revanchismus‘, ‚Kommunismus‘ oder ‚Freiheit‘, der Prototyp für die hier gemeinte unerwünschte Art der Begriffsbildung“ (Oerter, 1971, 31).

2.2.5 Begriffe erweisen ihre Tragweite und Trennschärfe in der Anwendung. Daher versteht sich die Forderung nach *sprachlicher Aktivierung* der Schüler als Unterrichtsprinzip. „Insgesamt bestätigen die Forschungen ... die Bedeutung der Sprache für die Organisation komplexer kognitiver Prozesse" (Oevermann, 325). So sind Sprachsituationen für einsichtiges Lernen planmäßig zu schaffen bzw. zu nutzen (vgl. Oerter, 1971, 89 ff.).

2.3 Logische Strukturen von Fachbereichen

„Viele, vielleicht die meisten der in der Schule gelernten Gegenstände haben eine Struktur, die sich leicht in der Art einer Regel-Hierarchie ausdrücken läßt" (Gagné, 127). Nach Gagné stellen Regeln „Beziehungen zwischen Begriffen in all der Vielfalt dar, die diese Beziehungen annehmen können" (117), etwa: Glas ist durchsichtig und zerbrechlich (konjunktive Verknüpfung); Dreiecke sind spitz-, stumpf- oder rechtwinkelig (disjunktive Verknüpfung).
Wir sehen, im Grunde sind diese Regeln nichts anderes als komplexere Begriffe, zu denen alle Definitionen (Klima? Absolutismus?), Beschreibungen (Aufgaben der Schriftpflege, Hausordnung), Formeln ($a \cdot b + a \cdot c = [b + c] \cdot a$), Einsichten (wenn-dann, kausale und finale Bezüge) u. dgl. zählen.
Für die mathematisch-naturwissenschaftlichen Fachbereiche sind diese Begriffe und ihre Hierarchie noch leichter zu bestimmen als in eher geisteswissenschaftlichen Fächern wie der Geschichte. Selbst in der Geographie schon liegen aber die Probleme offen: Was sind die Ordnungsgesichtspunkte für einfachere Begriffe wie „Tal", „schiffbar", „Gesteinsarten", „Straße"? Sind geologische, länderkundliche, landschaftliche, wirtschaftsgeographische oder soziale Gesichtspunkte für die Zusammenfassung von — sagen wir nun — Einzelfakten relevant? Konkret: Soll das Allgäu unter dem Ordnungsgesichtspunkt „Teil der Kalkalpen" oder „Erholungsraum" oder „Milchproduktion" gesehen werden? Jedesmal sind dann verschiedene Einzelbegriffe zuzuordnen und andere, unpassende, nicht hergehörende auszuschließen. Ähnlich verhält es sich in Biologie, Soziallehre, in allen Fächern, in denen eine Hierarchie von Begriffen (Einsichten) je komplexerer Art nicht feststeht.
Der Lehrer ist hier auf Hilfen von seiten der Fachdidaktik angewiesen, denn was er lehrt, hat den wissenschaftlichen Erkenntnissen zu genügen. Was tun?

2.3.1 Fachliche Lehrgänge können, soweit sie aufbereitet sind, übernommen werden. Dies gilt insbesondere für Mathematik (vgl. Maier H. und kombiniertes Lernmaterial der Verlage), teilweise wohl für Sprachlehre (LP 71), Physik/Chemie in der Grundschule (vgl. Czinczoll u. a.).

2.3.2 Bestehen keine vorgeschriebenen Lehrgänge in logischem Aufbau, hat der Lehrer seine angezielten *Unterrichtsergebnisse* möglichst in eine Ordnung, *in eine Struktur zu bringen* — und zwar bereits bei der Planung — und Problemstellungen zu wählen, die zur Organisation des Lernstoffes anregen.

Leitfragen für den Lehrer können sein:

— Wie hängen die Elemente des Lehrgutes untereinander zusammen? (z. B. Anpassung an den Standort als Erklärung für Einzelmerkmale einer Pflanze)
— Welche Einzelbegriffe (oder Regeln) muß der Schüler lernen, damit er einen Oberbegriff (Regel höherer Ordnung) bilden kann? (z. B. Gesetz der schiefen Ebene: vorausgesetzt werden die Zusammenhänge Kraft-Weg, Kraft-Höhe bei gleicher und verschiedener Last, um dann den Oberbegriff zu bilden: Kraft : Last = Höhe : Weg;
  oder: Zunächst müssen die Funktion des Namens in verschiedenen Situationen und der Begriff „Wort" klar sein, bevor einsichtig der Begriff „Namenwort" eingeführt werden kann.)
— Welches sind wesentliche Elemente für den zu lernenden Begriff? (z. B. „Binnenhafen": zuführende schiffbare Wasserstraße, wegführende Transportwege, Standortindustrie, Umschlagplatz, Einrichtungen für das Umladen; oder: Kerngedanke (Zentralbegriff) eines Gedichts, eines Lesestückes? Ist es ein Handlungsablauf mit Höhepunkt der Spannung und Lösung? Ist es eine Charaktereigenschaft, die zentral in alles Verhalten einer Person eingeht?)
— Kann das Unterrichtsergebnis in strukturierter Darstellung festgehalten werden?

Beispiele:

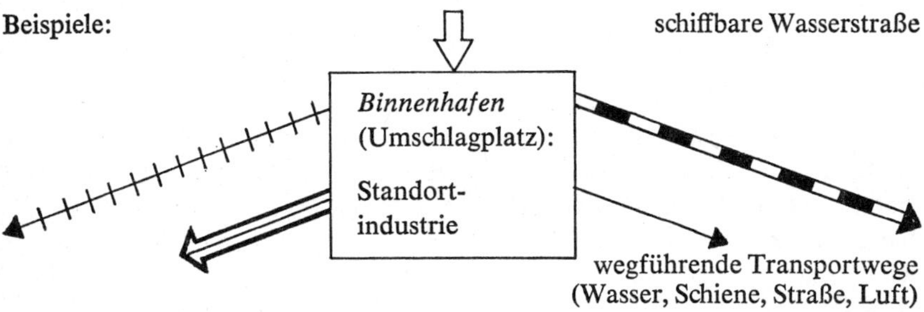

Über solche Skizzen werden Strukturen sichtbar, wesentliche Elemente von unwesentlichen gesondert. Sie erleichtern den Transfer. Zeitliche, zahlenmäßige, räumliche, kausale, finale, motivationale Zusammenhänge lassen sich auf diese Weise verdeutlichen.
Strukturieren bedeutet, Sachstrukturen in der Welt zu entdecken und in kognitive Strukturen zu überführen. Wo nur Einzelfakten gesammelt werden, verblei-

ben diese ohne Zusammenhang, werden keine höheren Begriffe und keine Strategien zur Deutung und Ordnung der Welt entwickelt. Unterrichten heißt unter diesem Aspekt Anleitung zum ordnenden Denken. Daß Grenzen bestehen im Fachwissen, in der verfügbaren Zeit des Lehrers und im angebotenen Lernmaterial, ist uns oft schmerzlich bewußt.

3. Unterricht als Anleitung zum einsichtigen Lernen

Wenn „Interesse an intellektueller Tätigkeit und kritische Urteilsfähigkeit des Lernenden" (Skowronek, 153 f.) in einem Fachbereich lebenswichtiger sind als häufig rezeptive, zumeist von Unlust getragene Akte des Einprägens unverbundenen Wissens, hat Unterricht in ausreichendem Maße „Episoden entdeckenden Lernens" (ebd.) sicherzustellen. Um Mißverständnissen vorzubeugen: Nicht alles läßt sich ökonomisch auf diese Weise lernen, aber viel mehr, als wir bisher annahmen.

3.1 An Lernerfahrungen anknüpfen! (vgl. Prinzip V)

„Um ein Problem zu lösen, muß der Lernende in der Lage sein, die relevanten, früher erlernten Regeln zu erinnern" (Gagné, 134). Der Lehrer mag das für eine Stunde heranzuziehende Vorwissen vor oder nach der Problemstellung durch Impulse oder Aufforderungen in Erinnerung rufen lassen, beides dient dem genannten Ziel. Gemeinhin wird diese Unterrichtsphase als „Anknüpfung" bezeichnet, wir betrachteten sie unter dem Aspekt der Kontiguität (Prinzip II).

3.2 Vor Probleme stellen! (Vgl. Prinzip II)

Probleme mit einer Lösung oder mit mehreren richtigen Lösungen fordern wie Aufgabenstellungen mit völlig offenem Ergebnis (Zeichnen, Aufsatz ...) eine Problemanalyse.

3.2.1 Situationsanalyse

„Das Problem muß sehr genau ausgemacht werden, ehe der Lernvorgang, der zugleich Lösungsprozeß ist, in Gang gebracht wird" (Schiefele, 1969, 58).
In der *Materialanalyse* fragt der Schüler: Was ist gegeben? Was weiß oder kann ich für dieses Problem schon? Wir kennen diesen Vorgang bei Lösungen von Textaufgaben, beachten ihn jedoch zu wenig bei allen andere Problemsituationen. Erst auf dem Hintergrund der Materialanalyse wird die *Konfliktanalyse* zum deutlichen Abheben der Lücke, des eigentlichen Problems führen. Man fragt: Wo liegt die Schwierigkeit? Was gehört nicht zum Problem? Die Gestaltpsychologie (Wertheimer, Duncker) spricht von einem Defekt der Struktur, da man im Problem erkennt, daß die eigenen kognitiven Strukturen unvollständig, zu wenig weitspannend und umgreifend sind. Könnte man ein Problem sofort lösen, wäre es im Grunde kein echter Konflikt, da bestehende Verhaltensweisen bereits genügen. Eine ausgezeichnete Hilfe zur Material- und Konfliktanalyse

bilden Skizzen, Entwürfe, in denen Gegebenes und Fehlendes zum Ausdruck kommt. Öfter sind Schüler in der Lage, diese selbst zu fertigen.

3.2.2 Ergebnis der Situationsanalyse (Material- und Konfliktanalyse) sei die *Zielanalyse*, „die fragt, was eigentlich gesucht ist" (Oerter, 1971, 176) und feststellt, welches Endverhalten angestrebt wird. Ziele stecken in klar erkannten Konflikten, sind nicht diese selbst.

Beispiel: Vorbereitung einer Nachschrift

Nach geeigneter Motivierung (evtl. Lesen des sinnvollen Textes und Inhaltsklärung) stellen wir — am besten individuell — fest, wo bestimmt keine Schwierigkeiten auftauchen (Materialanalyse), suchen nach den Hauptbarrieren für das Rechtschreiben im Text (Konfliktanalyse) und einigen uns letztlich auf die Sätze, Wortbilder oder Wortkerne, die in Zukunft beherrscht werden sollen. Zur Zielanalyse dürfte man mit Recht auch Methoden zählen, die der Überwindung von Rechtschreibschwierigkeiten dienen (Sprachdenken, Mitsprechen etc.).

3.3 *Hypothesen aufstellen lassen!*

„Das zentrale Glied bei der Lösung einer Aufgabe ist das Finden des Weges, des Prinzips oder der grundlegenden Methode der Lösung. Die Idee der Lösung entsteht in Form des Ratens, des Vermutens, einer Hypothese, die gleichsam eine vorweggenommene Synthese ist" (Kostjuk, 274).
In dieser Phase lassen wir Pläne entwerfen für das weitere Vorgehen (z. B. für eine Werkarbeit, für die Materialuntersuchung im 1./2. Schjg., für eine Pflanzenbetrachtung, für einen Versuch, für die Abfassung einer Objektbeschreibung) oder Erklärungsversuche äußern (Warum platzt eine wassergefüllte Flasche bei Frost? Was macht eine Lektüre so spannend?)
Zweierlei fällt ins Gewicht: Einmal werden Schüler wahrscheinlich nie selbständig das Lernen lernen, wenn nicht über derartige Plan- und Hypothesenentwürfe Strategien des eigenen Lernens gewonnen werden, die dann der Lehrer auch akzeptiert; zum andern scheint es für die Entwicklung eben solcher Strategien bedeutsam, daß mit zunehmendem Alter auch Begründungen für Pläne und Hypothesen zu verlangen sind, da „trial and error" für einsichtiges Lernen als ungeeignete Methode betrachtet werden muß. Pläne und Hypothesen hält der Lehrer womöglich an der Tafel fest.

3.4 *Weitere Hilfen zum Problemlösen*

3.4.1 *Teilziele erstellen!*

Nicht immer kann der Schüler von sich aus die zu durchschreitenden Lernsequenzen feststellen. Dann bedarf er der Hilfe und Instruktion durch den Lehrer, um unökonomische Umwege zu ersparen, die zudem einer übersichtlichen, klaren Lösungsfolge im Wege stünden.

Teilziele können mehr inhaltlicher Art sein (z. B. 1. Plan, 2. seine Durchführung, 3. deren Folgen — so evtl. in Sozialkunde, Geschichte) oder sich mehr auf die Strategie beziehen (z. B. Gegeben — Gesucht — Lösungsweg — Lösung — Probe bei Textaufgaben; oder: Problem — Vermutung — Versuchsplanung — Experiment — Beobachtung — Erklärung — Anwendung in Physik) und bilden einen wesentlichen Faktor der Strukturierung des Wissens oder Lernprozesses durch Unterricht.

3.4.2 Impulse und Fragen

kanalisieren das Denken in bestimmte Richtungen (Gagné, 134). Dabei wäre es vorteilhafter, den Schüler zum Weiterfragen anzuregen, als ihm Fragen zu stellen (vgl. Schiefele, 1969, 61). Erst auf Fragen hin erfaßt der Schüler *Informationen* (aus Vortrag, Bild, Film, Buch usw.) als Hilfe zur Neustrukturierung, zum Weiterführen des Denkprozesses, zum Füllen von gesehenen Lücken.

3.4.3 *Sich ständig am Ziel neu orientieren!*

Die Aufmerksamkeit von Kindern sollte behutsam draufhin geschult werden, an Problemen zu bleiben und nicht vor der Lösung aufzugeben. Ein Hinweis auf die Tafelanschrift genügt zumeist nach jedem Teilziel.

3.4.4 Ergebnisse übersichtlich, geordnet darstellen! vgl. oben 2.3.2

Vorbereitete „leere" Tafelskizzen mögen anleiten, wesentliches Wissen (Begriffe) und Zusammenhänge (Pfeile) einzusetzen. Fruchtbarer würden sich Anregungen zu selbständigem Darstellen durch die Schüler erweisen. Ausschließlich strukturiertes Wissen ist ja übertragbar. Auch die sprachliche Formulierung von Ergebnissen durch die Schüler ist eine, ja eine der wesentlichsten Darstellungsweisen.

3.4.5 Strategien bewußt machen!

Der Rückblick auf die Lernschritte macht diese für den Schüler transparent. Er soll nicht nur lernen, Wörter richtig zu schreiben, sondern auch, wie man sich Wortbilder einprägt; nicht nur die Eigenschaften von Tieren kennen, sondern auch, wie man sie feststellen und ordnen kann; nicht nur Gedichte lesen können, sondern auch lernen, Interpretationsmodelle anzuwenden; er sollte nicht nur Hefteinträge erstellen, sondern auch lernen, wie man sich Lernmaterial einprägt; er dürfte nicht nur eine Textaufgabe unter Gängelung des Lehrers lösen, sondern müßte auch selbständige Lösungswege entwickeln. Wir kommen unter Prinzip VI darauf zurück.

3.4.6 Zeit lassen und emotionale Bedingungen des Lernens beachten (vgl. Prinzip II)!

4. Zusammenfassung

4.1 Sachstrukturen und Fähigkeiten

4.1.1 Die für eine Lehreinheit vorausgesetzten Begriffe, Regeln und Fähigkeiten feststellen und prüfen, ob sie in genügend differenzierter Form der Klasse zu Gebote stehen!

4.1.2 Je jünger der Schüler, um so überlegter ist die Erarbeitung von grundlegenden Begriffen der Fachbereiche zu planen. Auch einfachere Begriffe sind Ergebnisse von Einsichten, die aufgrund von realen oder vorgestellten Handlungen gewonnen wurden. Die wichtigsten Operationen zur Begriffsbildung sind der Vergleich, die Unterscheidung, die Verallgemeinerung (Klassifizierung), das Ordnen, Gruppieren, das Eliminieren unwesentlicher Elemente. Auf diese Weise kann nie „grün" unter den Begriff „Seife" etwa als Bestimmungselement subsumiert werden.

4.1.3 Soll der Unterricht effektiv sein, sind Grundbegriffe zu erarbeiten, die Begriffe (Regeln) komplexerer Art eines Fachbereichs fundieren (vgl. oben „Binnenhafen": vorausgesetzt werden „schiffbar" u. a.).

4.1.4 Begriffsverengung und -mißdeutung ist überprüfbar und korrigierbar über Begriffsanwendung. Vielseitige sprachliche Formulierung in der Problemerkenntnis, während des Erkenntnisprozesses und bei der Darstellung des Ergebnisses bzw. der Strategie sollte der Lehrer stets anregen.

4.1.5 Vorhandene Konzepte für sachlogisch und psychologisch aufgebaute Lehrgänge (Mathematik, Physik/Chemie, Sprachlehre, Lesen ...) bestimmen die Lernsequenzen dieser Fachbereiche und fordern Berücksichtigung im Lehrplan.

4.1.6 Wo derartige Lehrgänge nicht bestehen, sieht sich der Lehrer vor der Aufgabe, den Lehrstoff in eine sachlogische Struktur (vor dem Unterricht) zu bringen (vgl. 2.3.2).

4.2 Unterrichtsstruktur

4.2.1 Problemorientierter Unterricht knüpft an die Lernerfahrungen der Schüler an und nimmt auf diese ausdrücklich Bezug.

4.2.2 Die Problemsituation bedarf einer Material- und Konfliktanalyse, um klare Zielstellungen für den Lernprozeß zu eruieren.

4.2.3 Verlangen wir vom Schüler den Entwurf von Plänen für das Vorgehen und von Hypothesen, so unterstützen wir das Lernen des Lernens.

4.2.4 Klare Teilziele sind Wesenselemente strukturierten Unterrichts, vor allem, wenn sie dem Schüler einsichtig gemacht werden als nowendige Schritte zur Aufgabenlösung.

4.2.5 Information kann sinnvoll eingeordnet werden, wenn sie vom Schüler aus der Sicht des Problems her erfragt wird oder fragwürdig ist.

4.2.6 Unterrichtsergebnisse lassen sich meist auch in sichtbarer Strukturierung darstellen (Graphiken, Skizzen, Pfeile, Numerierung etc.).

4.2.7 Das bewußte Erlernen der angewandten Lösungsstrategie (aus dem wiederholten Rückblick und der Anregung zu ihrer wiederholten Anwendung) ist oft lebensbedeutsamer und interessenfördernder als das Ergebnis selbst.

4.2.8 Die unter Prinzip II (Motivation) aufgeführten emotionalen Bedingungen der Lernbereitschaft haben Gültigkeit für den Verlauf des gesamten Lernprozesses.

IV. Prinzip der Aktivierung (Selbsttätigkeit)

1. Begriffe

1.1 Aktivität und Spontaneität

Lernen ist Verhaltensänderung. Daher begründet Skowronek mit Skinner das Prinzip der Aktivierung damit, daß „ein Verhalten erst einmal produziert sein muß, ehe es gelernt werden kann" (S. 82), und er hält „eine spontane Aktivität des Lernenden" hierfür notwendig. „Der Arbeitsgedanke kann nur dann als allgemeingültiges Unterrichtsprinzip aufgestellt werden, wenn der Begriff ‚Arbeit' in dem weiten Sinne der psychischen *Spontaneität* genommen wird" (Eggersdorfer, 151). Entgegen einseitigen Theorien über die Reduktion von Bedürfnisspannungen kommt dem Menschen eine primäre Aktivität von Natur aus zu. „Tätigkeit an sich und die Auseinandersetzung mit Anregungen aus der Umwelt ist befriedigend oder ‚intrinsisch' motivierend" (Skowronek, 99). Mit dem Begriff der Spontaneität fällt es uns leicht, unüberlegte und unergiebige Beschäftigungen der Schüler auszuschließen, da in diesem Begriff das *selbstgesteuerte Zugehen auf ein akzeptiertes Ziel* gemeint ist.

1.2 Aktivität der ganzen Person

Der Lernende kann vielfältig aktiv werden, auf kognitiv-denkende Weise, auf schöpferische, auf manuell-arbeitende, auf meditativ-besinnende, auf produktiv-verändernde und rezeptiv nachvollziehende Weise. Unter Bezug auf Prinzip I erinnern wir uns der „affektiven" Lernziele, die Aktivitätsformen erschließen, auf die eine Persönlichkeitsbildung nicht verzichten kann.

1.3 Sachgerechte Aktivität

Obwohl Objekte es zulassen, sie verschiedenartig anzugehen, so kommt ihnen aus ihrem Wesen und Aufforderungscharakter her doch eine spezifische Aktivität von seiten des Lernenden zu. Rechenprobleme fordern entsprechende Lösungsmethoden, eine Ballade erschließt sich über einen anderen Zugriff als eine zeichnerische Gestaltungsaufgabe. Die Wissenschaftsbereiche entwickelten fachspezifische Methoden und Arbeitsweisen, die den fachlichen Problemstellungen entsprechen. Die Schule hat die Aufgabe, solche facheigene Arbeits- und Lösungsmethoden zu vermitteln.

Im folgenden beschränken wir uns auf Formen der Schüleraktivität, die im problemlösenden Unterricht vorwiegend Raum haben. Selbsttätigkeit zur Erfolgssicherung wird im Prinzip VI berücksichtigt.

1.4 Entwicklungsgemäße Aktivität

Piagets Verdienst ist es, auf die Stufung der Operationen — von den konkreten über die vorgestellten zu den verinnerlichten Operationen (vgl. Aebli 1969, S. 77 ff.) — und ihren Aufbau hingewiesen zu haben. Bedenken wir weiter, wie komplexere Begriffe und Strukturen auf einfacheren beruhen (Prinzip III), so verstehen wir, warum Aebli fordert, der Lehrer müsse mit seinen Schülern vom Elementaren ausgehen (ebd., 40). Es werden also Problemstellungen für eigenständiges Lernen der Schüler so ausgewählt werden müssen, daß tatsächlich eigenes Tun am Problem möglich ist. Facheigene und fächerübergreifende Arbeitsweisen bedürfen darüber hinaus der schrittweisen und zielstrebigen Einführung.

2. Bedeutung des Aktivitätsprinzips

2.1 Aktivität und Charakterbildung

Das Lernen des Lernens, die Fähigkeit zum Selbstlösen und Selbstbewältigen von Anregungen und Problemen der Umwelt als selbständiges Ziel des Unterrichts, entwickelt sich dort, wo das „Tundürfen" vorherrscht. „Es zeigt sich, daß dort am besten gelernt wird, wo das Selbsttundürfen und das Selbsttunmüssen in eigener Verantwortung alles Lernen bestimmt" (Engelmayer, 88). Nicht durch Abspeisen, wo kein Hunger besteht (Copei), sondern durch zielbewußtes Selbsttun erst können sich *Gütemaßstäbe, Selbstkritik* und ein *„Lerngewissen"* (Guyer) bilden. Daher schreibt Schröder mit anderen der Selbsttätigkeit auch Bedeutung für die Charakterentwicklung zu (S. 51).

2.2 Aktivität und Lernmotivation

Erfolg aus eigenem Tun motiviert nachhaltig zum Weiterlernen. Thorndikes Erfolgsgesetz besagt: „Erfolgreich bewältigte Situationen prägen sich am besten ein und bieten den stärksten Antrieb für das Lernen" (Engelmayer, 92). Eigeninitiative und Lernbereitschaft können damit nur über selbständiges Lernen der Schüler stabilisiert und auf ein höheres Anspruchsniveau überführt werden.

2.3 Aktivität und Behalten

„Der Mensch beherrscht wahrhaft nur das, was er selbst, mit eigener Arbeit, erworben hat" (Kostjuk, 259). Selbsttätigkeit wird zur Bedingung guten Behaltens (vgl. Bergius, 243 f.). Außerdem scheint die angeleitete Selbsterarbeitung von strukturiertem Wissen und von Strategien mit eine Voraussetzung zu effektivem Transfer zu sein.
Da die herkömmliche Einteilung in manuelle und geistige Selbsttätigkeit den Er-

kenntnissen über einsichtiges Lernen kaum mehr entspricht, denn auch manuelles Tun wird von kognitiven Prozessen gesteuert, versuchen wir, für die Vielfalt von Aktivitätsformen zwei Ordnungskategorien zu erstellen: einmal den Prozeß problemlösenden Lernens, zum andern die soziale Dimension des Lernens.

3. Kognitive Aktivität im problemlösenden Unterricht

Gemäß der Strukturierung des Unterrichtsablaufs (vgl. Prinzip III) lassen sich folgende Ansatzpunkte für die Selbsttätigkeit des Schülers erkennen:

3.1 Problemerfassung

Soll der Lernprozeß zu einem zwar vom Lehrer gesteuerten, doch von der Bereitschaft und dem spontanen Zugriff der Schüler mitgetragenen Vollzug werden, ist das Problem bzw. die Aufgabe vom Schüler über eine Material- und Konfliktanalyse in eine Zielformulierung umzusetzen. Das gilt für Ausgangssituationen des sprachlichen, mathematischen, sachkundlichen, musischen und mehr handwerklichen Unterrichts. Was kennen wir, haben wir vor uns? Wissen wir dazu schon etwas? Wo liegen die Schwierigkeiten? Was soll am Ende erreicht sein? Wie soll das Ergebnis aussehen oder welches Verhalten wird am Ende von mir erwartet?
Für gewöhnlich wird ein Gespräch hier am ehesten zum Ziele führen, da gerade die Vorkenntnisse und Erfahrungen aller Schüler auf diese Weise ökonomisch eingebracht werden können. Die Zielformulierung mag man auch — von ihr wird ja der weitere Lernprozeß eines jeden gesteuert — vom Schüler schriftlich fordern.

3.2 Planung bzw. Hypothesenbildung

Bei Arbeits- und Gestaltungsaufgaben (Aufsatz, Nachschriftvorbereitung, Werkarbeit u. ä.) setzt nun die Planung ein, bei Denk-Problemen die Hypothesenbildung (bei der Vermutungen geäußert, begründet und gegeneinander abgewogen werden), der dann ebenfalls ein Planen der Lernschritte (Teilziele) folgt. „Planen entscheidet über die jeweils eingesetzte Verhaltensweise und die notwendigen Arbeitstechniken im Blick auf Problemstellungen und Lernziele. Planen muß in die Verantwortung und die Möglichkeit des Schülers übergehen" (Maier R., 205). Hier entwerfen im Idealfall die Schüler — gesteuert von Impulsen des Lehrers, die auf Umwege und Schwierigkeiten hinweisen — ein Programm, das die Abfolge der Lernschritte, die Arbeitsweisen und benötigten Hilfsmittel (Informationsquellen) beinhaltet. Als Ergebnis werden die Teilziele oder Ausführungsteilschritte festgehalten.

3.3 Aktivitäten zur Problemlösung

Zumeist fordert die Problemlösung zunächst sachgerechte Informationsbeschaffung, die Lücken im Wissen schließen und eine Grundlage für die Strukturierung des Wissens unter dem Aspekt des Problems abgeben soll. Jede der folgenden Tätigkeiten steht *unter einem Gesichtspunkt,* der das Ziel der Tätigkeit beinhaltet.

3.3.1 Aktivitätsformen zur Informationsbeschaffung

Diese Tätigkeiten können geordnet werden nach dem Objekt, das als Informationsträger dient.

3.3.1.1 Informationen aus der *„unmittelbaren Wirklichkeit“* (Kopp, 142 ff.). Mögliche Tätigkeiten:

— Sammeln (von Blättern, von Stoffen, Preisen und Zahlen . . .)

— Besichtigen (von Straßenanlagen, Einrichtungen der Gemeinde, der Technik u. ä.)

— Beobachten (von Vorgängen in der Natur, von Arbeitsabläufen, von Verhaltensweisen u. dgl.)

— Experimentieren, sofern Objekte der unmittelbaren Wirklichkeit zu Gebote stehen (Pflanzen, Samen, verschiedene Stoffe, technische Objekte wie Taschenlampe u. a.). Experimente sind ohne exakte Anwendung von „Werkzeugen“ bzw. Meßmethoden undenkbar.

3.3.1.2 Informationen aus der *„mittelbaren Wirklichkeit“* (Kopp, 144) Bild, Film, Funk, Fernsehen, Karten, Diagramme, Tabellen u. ä. können Informationen über die Wirklichkeit vermitteln.
Tätigkeiten: Diese Informationsträger bedürfen der kritischen, durchleuchtenden *Auswertung* unter dem gesetzten Ziel bzw. Gesichtspunkt. Zumeist ist diese Auswertung zunächst ein *Trennen von Wesentlichem und Unwesentlichem,* ein Unterscheiden unter der Frage: Was dient mir als Antwort, was gehört nicht zu dem Arbeitsziel? Die ausgesonderten Ergebnisse werden festgehalten.
Jedes Medium erfordert eigene Arbeitstechniken; so bedingt eine Statistik andere Tätigkeiten der Informationsgewinnung als ein Bild oder ein Film bei verdunkeltem Raum oder ein Versuch mit nachgebildeter Wirklichkeit. Praktische Hinweise für den Umgang mit Medien bringen z. B. Bönsch (1969, S. 550 f.) und Kopp (S. 144 f.).

3.3.1.3 Informationen aus dem *„dargebotenen Wort“* (Kopp, 145)

Lehrervortrag, Schülerberichte, Texte sachlicher und literarischer Art (Lexika, Tonband, Sachbücher, Reiseberichte, Naturschilderungen u. ä.) verlangen eine je besondere Weise der Zuwendung, der tätigen Informationsentnahme. Als Arbeitstechniken sind hier etwa zu nennen: „Benützung des Notizblocks, Verwendung eines Nachschlagewerks, Stichworte aufschreiben, Gliederung erkennen, in einem Text das Wichtigste unterstreichen, Protokolle anfertigen u. a.“ (Kopp, 145 f.) Vgl. auch Bönsch 1969, 550 f.!

3.3.1.4 *Zur Anschaulichkeit des Informationsträgers*

Das überkommene Unterrichtsprinzip der Anschauung ist nun in das Aktivitäts- und Motivationsprinzip eingegangen, denn Anschaulichkeit soll vor allem eine selbständige Verarbeitung der Information ermöglichen. Daher die Forderungen etwa für die Lehrererzählung, sie solle lokalisieren, personifizieren, dramatisieren, motivieren.

Anschaulichkeit ist für sich kein Wertmaßstab des Unterrichts, wenn sie nicht im Zusammenhang gesehen wird mit der Gewinnung strukturierten Wissens, klarer und deutlicher Begriffe. „Bei jeder Anschauung geht es darum, Erkanntes in differenzierenden Verstehensakten zu erfassen und in ein begriffliches System einzuordnen" (Engelmayer, 141). So kann die unmittelbare Wirklichkeit zu wenig „durchschaubar" sein und das Erfassen des Beziehungsgefüges der Elemente behindern, desgleichen besteht aber in den Vereinfachungen von Bildern, Übersichten, Modellen etwa die Gefahr, daß die Hilfsvorstellung „in die Auffassung als Wirklichkeit übergeht" (Maier R., 205).

Der Lehrer hat also abzuschätzen, welcher Informationsträger der kognitiven Aktivität des Schülers seiner jeweiligen Klasse am ehesten entgegenkommt, ohne daß die Objektivität des Lernprozesses gefährdet wird. Beachtenswert sind die Ergebnisse amerikanischer Forschung hierzu, die feststellt, daß „die Auffassungskapazität des nur akustisch Gebotenen überaus eng ist (sie wird ... mit nicht mehr als 25% bei 75% Verlust beziffert)". Bei optisch Dargestelltem beträgt sie etwa 40% (Engelmayer, 90), so daß eine funktional vielseitige Anlage des Unterrichts empfohlen wird. Vgl. Aebli, 1969, 119—138: Zur Psychologie und Methodik der Anschauung.

3.3.2 *Aktivitätsformen zur Informationsverarbeitung*

Informationsverarbeitung bedeutet hier Strukturierung von Fakten.

3.3.2.1 *Selbsttätigkeit bei der Strukturierung*

Mögliche Tätigkeiten: vergleichen, ordnen, unterscheiden, zusammenfassen, Regeln erstellen, Beziehungen finden, Erklärungen suchen; es kommen hier abstraktere, allgemeinere, hinter den Einzelfakten stehende Ordnungsbegriffe zum Tragen.

Beispiele:

— Die in einer Handlungseinheit erarbeiteten Begriffe (auf Wortkarten) werden von Schülern nach Ordnungsgesichtspunkten zusammengestellt, etwa: nach dem Ablauf der Handlung oder: Eigenschaften werden den Objektteilen, diese dem Objekt zugeordnet;

— In Naturlehre finden die Einzelbeobachtungen einen Niederschlag in der Gesetzformulierung.

— Wir suchen nach Erklärungen für Einzelerscheinungen der lebendigen Natur, für Verhaltensweisen von Pflanze, Tier und Mensch.

Allgemein bedeuten diese Strukturierungstätigkeiten, „daß unverbunden vorhandene Bezugspunkte im Blick auf die Problemstellung in einen sinnvollen Zusammenhang gebracht werden" (Maier R., 205).

3.3.2.2 Selbsttätigkeit bei der Darstellung (vgl. Kopp, 146)

Wichtigstes Medium der Darstellung von Erkenntnissen ist die *Sprache*. Mündliche und schriftliche Formulierungen in der Sprache der Schüler und *von den Schülern selbst* bilden in der Regel den Abschluß der Problemlösung. Hierher gehören Berichte, Protokolle, Niederschriften und Merktexte, sowie deren kritischer Vergleich.

Formgestaltendes Tun bietet sich oftmals gerade in der Grundschule an, wenn durch Formen, Schneiden und Kleben, Zeichnen usw. Erkenntnisse bild- und werkhaft dargestellt werden. Die Arbeit steht unter dem Gesichtspunkt der Richtigkeit, muß also unter den erworbenen Kriterien beurteilt werden.

Skizzen, Tabellen, Diagramme, Graphiken, Strukturschemata zeitlicher, räumlicher, kausaler u. a. Zusammenhänge werden allmählich von Schülern selbst gefunden bzw. angewandt, um Ergebnisse darzustellen (vgl. hierzu Bönsch, 1969, 552 und Prinzip III).

Wo Erlebnisse im Mittelpunkt des Unterrichts standen, drängen sie eher zu szenischer, dramatischer, musikalischer u. ä. Ausdrucksgestaltung.

3.3.2.3 Selbsttätigkeit und sittliche Erziehung

Fremd- und Selbstkritikfähigkeit, Urteilsfähigkeit und Werteinstellungen lassen sich wie andere Verhaltensweisen nur über den Vollzug anbahnen. Das kritische Prüfen des Lernverhaltens, der Arbeitsergebnisse und des sozialen Verhaltens beim Lernen bietet sich immer wieder an und geht in den Verhaltensbestand des Lernenden ein. Darüber hinaus gelangen Schüler über begründetes Urteilen allmählich zu Wertmaßstäben. Die Gelegenheiten hierzu bei geeigneter Thematik sollten nicht verfehlt werden.

3.3.2.4 Selbsttätigkeit und Strategienbildung

Eine in sich geschlossene und sachgerechte Kette von planvollen Aktivitäten zur Lösung bestimmter Probleme bildet eine Strategie. Behutsam sind zunächst die Einzelaktivitäten zu erlernen, bevor eine Zusammenschau der Abfolge dieser Lösungsschritte erfolgen kann. Selbsttätigkeit ist in höchster Form erreicht, wenn Schüler befähigt sind, noch nicht behandelte Probleme unter Anwendung von Strategien einer eigenständigen Lösung zuzuführen. Das scheint im Mathematik- und Physikunterricht eher erreichbar zu sein als etwa in den Fächern Geschichte, Soziallehre, Literaturerziehung und ähnlichen.

3.4 Aktivitätsformen zur Sicherung von Lernergebnissen

werden im Prinzip VI näher beschrieben.

4. Soziale Aktivitätsformen

Lernen in der Schule ist immer Lernen im sozialen Verband der Klasse als Gruppe. Ohne auf die tiefenpsychologischen Hintergründe eingehen zu können, die beim Lernen des einzelnen den Motivationshorizont mittragen, seien sozialpsychologische Aspekte der Selbsttätigkeit wenigstens am Rande angeführt. Der Strukturplan hebt hervor, „daß fachliche Leistungen fast durchwegs im Leben in sozialen Zusammenhängen zu erbringen sind und daß Akzentuierungen der *Motivation mehr nach der sozialen* oder mehr nach der sachlichen *Seite* sich jeweils ergänzen oder gleichwertig nebeneinander stehen. Beide Motivationen können zu Hochleistungen führen; beide sind in gleicher Weise gesellschaftlich bedeutsam" (S. 87). Gruppenpsychologische Untersuchungen ergaben überdies, daß sich störende informelle Kleingruppen in einem Klassenverband bilden — in der Regel mit Zielsetzungen, die den schulischen Zwecken zuwiderlaufen —, sobald der Lehrer nicht Verantwortung an Teilgruppen überträgt (vgl. Schiefele, 1969, 47) oder die Interaktion, die bei allem Unterrichten mitgegeben ist, auf den Lehrer und den einzelnen Schüler einschränkt, ohne der Interaktion Schüler-Schüler Raum zu geben.

4.1 Gruppenbegriff

„Eine Gruppe wird aus zwei oder mehr Personen gebildet, die bestimmte Gemeinsamkeiten haben und miteinander in Interaktion stehen" (Ulich, 25). Ein solches Gebilde wird getragen und zusammengehalten durch „gemeinsame Ziele, Motive und Verhaltensvorschriften (Normen)" (ebd.), die wiederum aus gemeinsamem Miteinanderhandeln erwachsen. Dabei entwickelt jedes Mitglied seine Gruppenrolle. *„Rollen* sind Bündel von Verhaltenserwartungen, nicht die Verhaltensweisen selbst" (ebd., 34), etwa die Rollen des Organisators, des Leiters, des Helfers, des Spaßmachers usw. (vgl. Weiß, 83 ff.).
Wir sehen, schulisches Lernen wird stets von gruppendynamischen Prozessen begleitet, und man sollte die Klasse nicht als Summe von Einzelschülern, sondern als Gruppe mit vielfältigen zwischenmenschlichen Beziehungen sehen. Ein Soziogramm mag dem Lehrer ein hilfreiches Instrument zum Erkennen seiner Gruppe sein (vgl. Weiß, 56 ff.).
Im folgenden seien Gruppierungen angeführt, die je nach Zusammensetzung eine verschiedene Interaktion der Mitglieder ermöglichen. Etliche unter 3. genannte kognitive Aktivitäten können auch im sozialen Verband gleich wirksam ausgeführt werden, nicht alle.
Diese Gruppierungen erscheinen für den gegenwärtigen Unterricht besonders bedeutsam, da unsere Klassen im Regelfall mehr als 30 Schüler fassen, bei Gruppen über 30 Mitgliedern aber echte Gruppenprozesse nicht mehr ablaufen, es entstehen erste Massenreaktionen (vgl. Ulich, 62).

4.2 Sozialformen

Partner-, Gruppen- und Alleinarbeit sind die gängigen Auflösungen des Klassenverbandes. Welche Sozialform ist anzusetzen? Die effektivste, sicherlich. Doch was bedeutet nun effektiv? Effektiv kann soziales Lernen sein hinsichtlich des Lernertrags, der sich in guten Leistungen und Noten widerspiegelt, oder aber hinsichtlich der „Sozialisation der Persönlichkeit" (Ulich, 69). Dann kommen den Sozialformen eigene Lernziele zu. Isoliertes Lernen eines jeden erwies sich bisher in vielen Fällen als ebenso wirksam wie Lernen in Gruppen, doch deuten die Erfahrungen mit Lernen ohne Interaktion der Schüler untereinander darauf hin, daß dann eine konfliktgeladenere Atmosphäre vorherrscht, da allein die Leistung den Vergleich der Mitglieder ermöglicht: „aus dem Nebeneinander ist ein Gegeneinander geworden" (Ulich, 68). Damit ist das soziale Lernen selbst zu lernen.

Dafür bedarf es der Erstellung eigener *Regeln für Verhaltensweisen,* z. B.: Wir planen und verteilen die Aufgabe. — Einer muß leiten und ordnen. — Wir wechseln mit der Aufgabe des Schriftführers . . . ab. — Jeder trägt etwas bei, sei es auch wenig. — Keiner wird abgelehnt wegen einer verschiedenen Meinung. — Bei Streit oder Meinungsgegensätzen muß einer vermitteln.

Alleinarbeit ist an sich keine soziale Aktivitätsform, sie setzt vielmehr den einzelnen in Wettbewerb mit allen anderen für sich arbeitenden Mitschülern. Sie wird dort Platz finden, wo der einzelne sein Können und seine Selbständigkeit unter Beweis zu stellen hat, wo Ruhe und Sammlung gefordert sind.

Partnerarbeit kann als „vorzügliche Übergangsstufe" zur Gruppenarbeit (Kopp, 193) oder von dieser her als eine erschwerende Aktivitätsform betrachtet werden.

Gruppenarbeit (mit 3 bis höchstens 5 oder 6 Teilnehmern) wird themengleich, arbeitsteilig oder in Zwischenformen durchgeführt (vgl. Kopp, 194).

So sehr Sozialformen bedeutsam erscheinen für die soziale Entwicklung des einzelnen und die emotionale Atmosphäre in der Klasse, ihr Einsatz ist beschränkt durch die Klassenfrequenz, die erforderliche Arbeitsdisziplin, durch die Eigenart des Lernobjekts, die Struktur der Klasse als sozialem Gebilde, durch die Ausstattung der Schule an Räumen und Arbeitsmitteln, nicht zuletzt durch den autoritären oder laissez-faire-Stil des Lehrers (vgl. Kopp, 197 f.).

4.3 Gesprächsformen

seien als Sozialformen gesondert angeführt, da in ihnen am ehesten Kontakt- und wechselseitige Beziehungsaufnahme geschieht. Gespräche lassen sich unter Partnern, in Gruppen und in der Klasse führen. Voraussetzungen sind neben einem geeigneten *Gesprächsanlaß* (man muß etwas zu sagen haben) feste *Gesprächsregeln* und eine *Sitzordnung,* die den Augenkontakt der Teilnehmer gestattet.

Ernst Höller schrieb einen lesenswerten Bericht darüber, wie er seine Schüler zu geordneten Gesprächsformen hinführte. Als Gesprächsregeln zählt er folgende auf, die dem Sinne nach wiedergegeben werden:

— Nur ernsthafte Fragen stellen!
— Gib Gründe für Behauptungen an!
— Meinungen oder Wissen zum Ausdruck bringen und auseinanderhalten!
— Jedem Sprechenden aufmerksam zuhören!
— Jeder darf sich irren, ohne ausgelacht zu werden.
— Kritisch hinhören und Stellung beziehen!
— Bei der Sache bleiben, nicht abschweifen!
— Keine Wiederholungen!
— Ändere nur bei gewichtigen Gründen deine Meinung!
— Eine Niederlage muß man hinnehmen können.
— Höflichkeitsformen schützen vor der Verletzung anderer (Höller, 23 ff.).

Zur Information über Gesprächsformen (Stern-, Ketten-, Kreisgespräch; Aussprache, Diskussion, Debatte u. a.) sei auf Höllers Büchlein verwiesen und auf Lutz Rössner: Gespräch, Diskussion und Debatte (Diesterweg, Frankfurt/Main 1967).
Eine Klasse, die Gespräche führen kann, verwirklicht erst eigentlich soziales Lernen in gehobener Form.

5. Organisation der Selbsttätigkeit durch den Lehrer

Schüleraktivität wird unproduktiv oder leere Geschäftigkeit bleiben, wenn folgende Bedingungen vom Lehrer nicht beachtet werden:

5.1 Jede Aktivität fordert ein klares Ziel, das vom Schüler akzeptiert wird. Das Ziel ist in der Antwort auf Fragen gegeben wie: Was sollen wir wissen, was ist gesucht, was erwarten wir? Das Ziel muß vom Schüler selbst erreichbar sein. Also: *motivierte, erreichbare Zielsetzung!*

5.2 Die verlangte Aktivität soll vom Schüler beherrscht werden, andernfalls ist sie einzuüben. Es empfiehlt sich für den Lehrer, daß er sich vorher alle vom Schüler vorzunehmenden Teilaktivitäten vergegenwärtigt und sie in eine klare *Arbeitsanweisung* zusammenfaßt (vgl. Bönsch 1969, 556).

5.3 Die entsprechenden *Arbeitsmittel* liegen für jeden Schüler bereit.

5.4 Selbsttätigkeit wird für den Schüler zu einer Last, wenn der Lehrer ihn ständig unterbricht, neue Anregungen laut mitteilt und den Arbeitsablauf stört. Individuelle, unaufdringliche, andere Schüler nicht ablenkende Hilfestellung dagegen wird der einzelne gerne annehmen.

5.5 Die *Arbeitsergebnisse* bedürfen der *Selbst- oder Fremdkontrolle,* werden zumeist vorgetragen und *als Antwort* auf die Problemstellung *kritisch gewertet.*

Nur einen oder wenige Schüler ihre erwartet guten Ergebnisse berichten zu lassen, bedeutet für die anderen eine Herabsetzung oder Nichtwürdigung ihrer Leistung. Es ist eine stets neu zu lösende Aufgabe, den Schüler seinen — wenn auch vielleicht geringen — *Leistungszuwachs als Erfolg erleben* zu lassen, da sich aufgrund solcher Erlebnisse seine Leistungsmotivation verstärkt. Kritik ist noch wirksamer als eine völlige Enthaltung von einer Stellungnahme.

5.6 Die Forderung nach *Differenzierung* sprechen wir im Prinzip V an.

5.7 Die *äußeren Voraussetzungen* der Schüleraktivität (geeignete Sitzordnung, leises Reden und Gehen, unauffälliges Fragen, Regelbeherrschung für Gespräche, Arbeitenkönnen nach Anweisung . . .) dürfen wir wohl als eigene Lernziele ansehen und durch stufenweise Übung zu erreichen suchen.

5.8 Die bestehenden *sozialen Beziehungen* unter den Schülern zu berücksichtigen und soziale Arbeitsformen auf längere Zeit mit *konstanten Gruppenbildungen* durchzuführen, erscheint aus gruppenpsychologischen Erkenntnissen her ratsam.

5.9 Eine *Abwechslung in der Schüleraktivität* beugt der psychischen Übersättigung vor, die sich in Ermüdungserscheinungen und erhöhter Reizbarkeit wie Störbarkeit bemerkbar macht.
Abwechslung kann der Lehrer schaffen bezüglich
— der funktionalen Aktivität der Schüler (hören, lesen, schauen . . .),
— der sozialen Arbeitsform,
— des Arbeitsmaterials (Karte, Bild, Text . . .) und
— des Lerngegenstandes.
„Die geringe Stabilität der Aufmerksamkeit der Grundschüler ist bekannt. Sie verfällt bei Arbeiten, die Konzentration erfordern . . ., nur allzu schnell" (Engelmayer, 51).
Dem motorischen Drang der Schulanfänger ist besonders entgegenzukommen.
Praktische Hinweise und Literaturangaben für Lehrer, die es mit Sozialformen weiter versuchen wollen, finden sich im Heft 2 der „Lebendigen Schule", 1971. Vgl. auch Prinzip V.

6. Grenzen des Aktivitätsprinzips

6.1 „Alle Tätigkeiten müssen . . . sinngerichtet sein" (Schröder, 52). *Arbeit ohne sinnvolles Ziel* verführt zur Oberflächlichkeit, zu mechanischem Vollzug der sogenannten „Stillbeschäftigung" und leistet einem autoritätshörigen Abhängigkeitsbestreben in allem Arbeiten Vorschub.

6.2 Je mehr nur äußere Aktivität gefordert und das Prinzip der *Aktivität überspannt* wird, um so eher bringt die Schule jene „Gschaftlhuber" (Schröder, ebd.)

und Unausstehlichen hervor, „die niemals zuhören können, ... die nie zu Demut und zu rechter sozialer Kultur reifen, weil sie immer im Rausche ihrer eigenen Aktion befangen sind und gar keine Geduld haben, fremdes Leben mit tiefer rezeptiver Teilnahme in sich aufzunehmen" (F. W. Foerster, 89). Aktivität verlangt nach Verinnerlichung.

6.3 *Unbedachte Einführung* vielfältiger Aktivitätsformen in vielen Fächern gleichzeitig wird wohl eine Klasse überfordern und zur Verwilderung der Verhaltensweisen führen. „Der Lehrer kann dem Schüler immer so viel Freiheiten einräumen, als dieser in der Lage und bereit ist, Verantwortung zu übernehmen" (Schröder, 52).

6.4 *Grenzen* liegen vornehmlich *im Lerngegenstand.* Erarbeiten lassen sich nur „rationale Einsichten" (Kopp, 138), andere Werterlebnisse sind dem aktiven Zugriff der Schülerselbsttätigkeit verschlossen und bleiben dem besinnlichen, stillen Zuhören, Sehen und Bedenken vorbehalten, das über die Ratio hinaus auch emotionale Schichten anspricht.

V. Prinzip der Angemessenheit (der „optimalen Passung“)

1. Begriffe

Im Begriff „Angemessenheit“ bzw. „Passung“ liegen zwei Pole: *Was* soll angepaßt, *woran* soll angepaßt werden?

1.1 Was soll passen?

Von der Lehrerseite her kann dem Schüler gegenüber das *Lehrerverhalten,* das *Lernangebot* nach Schwierigkeit und Umfang sowie die *Lernorganisation* angemessen werden.

1.2 Woran passen?

Dem Lehrer und seiner Planung stehen eine (Klassen-) Gruppe und (Schüler-) Individuen gegenüber.

1.2.1 An die Situation der Klasse

Betrachten wir eine Klasse, so ist sie nur auf den ersten Blick relativ ganz, stabil, anderen Klassen gleichförmig. Bald stellen wir Unterschiede fest zu anderen Klassen bezüglich Leistungsniveau und Sozialverhalten, Schwankungen auch im Tages-, Wochen- und Jahresrhythmus hinsichtlich der körperlichen und seelischen Dispositionen.

1.2.1.1 Soziale Situation der Klasse

Nicht nur die individuelle soziale Reife der Schüler (vgl. Weiß, 70), sondern wesentlich auch die in einer Klasse praktizierten Führungsstile prägen das soziale Gefüge einer Klasse, das sich unter anderem im „Klassengeist“ offenbart. Klassengewohnheiten, -bräuche, -normen und -umgangssitten geben uns Hinweise (Weiß, 115 ff.). Es sei erinnert, daß sozialintegrativer Stil nicht unmittelbar auf Klassen übertragen werden kann, die bisher im autoritären oder laissez-faire-Stil geführt wurden. Das Lehrerverhalten ist dem Alter, dem Geschlecht und der Situation der Klasse anzupassen (vgl. U. Walz, in Weiß, 28).

1.2.1.2 Körperlich-seelische Dispositionen der Klasse

Ermüdungserscheinungen, Stimmungslagen, Prüfungsängste u. ä. treten in Klassen oft durchgängig auf. Engelmayer hat wichtige Forschungsergebnisse über Ermüdungsfaktoren zusammengetragen und typische Leistungsschwankungen im Jahres-, Wochen- und Tagesverlauf festgestellt. Außerdem sind einzelnen Schulfächern je nach Konzentrationsanforderung verschiedene Ermüdungskoeffizienten zuzuschreiben. Hier liegen Ansatzpunkte für „angepaßte“ Lehrplan-

und Stundenplangestaltung durch den Lehrer (vgl. Engelmayer, 61—71), aber auch für eine gezielte Elternberatung.
Kurz einige Ergebnisse: „Ein Fach ermüdet um so mehr, je höher die abstrakte Denkleistung und auch die Gedächtnisbeanspruchung sind, die es verlangt" (ebd., 64). Stark ermüden Mathematik und Turnen, die möglichst nicht in die 1. Unterrichtsstunde gelegt werden sollten.
Tageskurve: „Zögernd nach einer Anlaufzeit von 2 bis 3 Stunden erhebt sich die Leistungskurve nach dem Vollschlaf zu einem Höchstgipfel am frühen Vormittag ... und einem zweiten niederen Gipfel am späten Nachmittag ... Dazwischen liegt die ‚Mittagssenke' (13 bis 15 Uhr)" (ebd., 62).

1.2.2 An den einzelnen Schüler

Schüler bringen aus ihren bisherigen Lernerfahrungen in Elternhaus, Kindergarten und Schule ganz verschiedene Voraussetzungen mit. Wir können einteilen:

1.2.2.1 nach Persönlichkeitsvariablen (vgl. Prinzip II)

Motivationsniveau, Wertschätzungen von Fächern, Interessen, Neigungen bilden sich relativ früh und stabil bereits im soziokulturellen Milieu der Familie des Kindes aus. Die Erlebnisumwelt, die Spielanregungen waren je verschieden. Da Neigungskurse erst in der Hauptschule angeboten werden, dürfte man nach Wegen suchen, dem Erfahrungshorizont und den Neigungen der Schüler gelegentlich zu entsprechen, etwa durch freie Erlebnis- und Erfahrungsberichte, bei der Stellung von Aufsatzthemen, bei der Wahl von Sozialpartnern und Funktionen im sozialen Lernen (Rollen bei der Gesprächsführung, etwa: Aufforderung zu lauterem Sprechen; Schreiben von Arbeitsergebnissen der Gruppe ist leichter als diese mit zu erarbeiten), durch Anregung spezieller Neigungen (Sammeln von Bildern, Materialien, Zahlen etc. in bestimmten Fachbereichen), durch Antragen sozialer Rollen im Schulleben. Sicher gehört „die Kenntnis der Familie zu den unerläßlichen Hintergrundinformationen" (Strukturplan, 126) für den Lehrer, dem hier allerdings enge Grenzen gesetzt sind.
Ein eigenes Problem stellt die *Leistungsängstlichkeit* von Schülern dar, die nicht aus dem tatsächlichen Leistungsstand erklärt werden kann. Leistungsängstliche empfinden „ein Schwierigkeitsniveau der Aufgabenanforderung, das auf die eigene Leistungsfähigkeit abgestimmt ist, als bedrohlich" (Heckhausen, 214). Schulanfänger und Schüler höherer Klassen zeigen immer wieder dieses Bestreben nach Risikovermeidung. Hier scheinen ein Lehrerverhalten und eine Lernorganisation angezeigt, die durch „Verzicht auf scharfe Kritik", durch „Toleranz und Respekt gegenüber ungewöhnlichen und fehlerhaften Ideen", „Interesse des Lehrers für die Gedankengänge des Kindes" (Skowronek, 116), durch Abschwächung scharfen Wettbewerbs und Auflösung des Zeitdrucks (Bergius, 265) gekennzeichnet sind. Colemann schlägt vor, „die interpersonale Konkurrenz

in eine Konkurrenz zwischen Gruppen umzuwandeln, wenigstens teilweise" (Skowronek, 116).

1.2.2.2 nach sachstrukturellem Entwicklungsstand

Die Begabungsforschung revidierte bisherige Annahmen der Entwicklungspsychologie, nach denen kognitive Leistungen spezifisch entwicklungs-, reife- oder altersbedingt waren. Gerade die Forschungen Piagets und die Übersicht Gagnés machen deutlich, daß es auf die planmäßigen Lernanregungen und das von der Sachstruktur her bedingte Durchlaufen hierarchisch geordneter Lernsequenzen in jedem Fachbereich ankomme, um zu je höherem Wissen und Könnensbestand in diesem Fachbereich fortzuschreiten (vgl. Prinzip III.) Entgegen allgemeiner Intelligenztests geht es nun um die Feststellung *„der aktuellen Lernvoraussetzungen"* (Flechsig, 456), die in einem Fachbereich von einer bestimmten Aufgabenstellung her gefordert werden. So ist es denkbar, daß ein Schüler in einem Fach eine weit komplexere kognitive Struktur, weit umfassendere aktuelle Lernvoraussetzungen („learning sets") erworben hat als in anderen Fachbereichen. Hier liegt das Kernproblem der Passung in einem planvollen Unterricht, da die „optimale Passung zwischen Aufgabenschwierigkeit und Fähigkeitsstand des Lernenden" (Heckhausen 1966) eine exakte Analyse eben der aktuellen Lernvoraussetzungen bedingt. An der Erkenntnis jedoch läßt sich nicht vorbeigehen, „daß der wichtigste unabhängige Bestimmungsfaktor für das, was gelernt wird, die bereits vorhandene kognitive Struktur des Lernenden ist" (Skowronek, 133).

1.2.2.3 nach dem Sprachverhalten

Untersuchungen über den Zusammenhang zwischen soziokultureller Herkunft und Sprachverhalten von Kindern ergaben bei den Schülern aus dem subkulturellen Milieu der Unterschicht eindeutige Hemmungen in der „syntaktisch geordneten Sprachproduktion" (Oevermann, 325) und die Tendenz, „wenig und nur knapp zu verbalisieren" (ebd., 340). Beide Faktoren beeinträchtigen — neben einem geringeren aktiven und passiven Wortschatz — nicht nur die Auffassung kognitiver Strukturen, sondern bringen für diese Kinder auch einen „Milieubruch" beim Schuleintritt in sprachlicher Hinsicht (ebd., 339).
Zweierlei erfordert hier das Prinzip der Passung: einmal muß der Lehrer „zunächst auf die typische Sprache der Unterschichtkinder eingehen und sie als Kommunikationsmittel akzeptieren" (ebd. 339), darf sprachliche Mängel auch nicht in andere Leistungsfeststellungen als Kriterium einfließen lassen, zum andern bedarf das Kind einer besonderen Sprachförderung. Die in der 1. Klasse vorgesehenen Förderstunden ließen sich von Anfang an dazu verwenden, Kinder von Parallelklassen könnten zusammengefaßt werden. Oevermann (341) und Skowronek (189 ff.) geben Prinzipien solcher Sprachschulung an. Daneben sind sprachliche Situationen im Schulanfang besonders intensiv für die Erfassung und

Behebung von Sprachbarrieren zu schaffen und zu nutzen. Es zeigte sich nämlich, daß Schüler dieses Alters sprachliche Rückstände verhältnismäßig rasch einigermaßen aufholen können.

1.2.2.4 nach dem Lerntempo

Aus der Alltagserfahrung weiß jeder Lehrer, daß Schüler in verschiedenen Fachbereichen nicht allein verschieden gut, sondern auch verschieden rasch auffassen, verschieden schnell das Wesentliche erkennen, zudem verschieden schnell arbeiten. Wir kennen den Zögerer und den Bedachtsamen, den zügigen und den oberflächlichen Arbeiter. Lerntempo hat mit dem Leistungsstand eines Schülers zunächst nichts zu tun, taucht aber mit als Problem auf, wenn gleiche Anforderungen auf verschiedene Lernvoraussetzungen treffen. Doch selbst dort, wo Aufgabenstellung und Leistungsstand sich entsprechen, werden einige Schüler rascher, einige langsamer arbeiten. Lösungen werden weiter unten angeboten.

1.3 Zusammenfassende Übersicht

Lehrerseite ←	Passung	→ Schülerseite
1. Lehrerverhalten 2. Lernangebot nach a) Schwierigkeit b) Umfang 3. Lernorganisation, Lehrmethode	Feld der Passung ⟺	1. Klasse nach a) sozialer Situation b) aktueller körperlicher und seelischer Disposition 2. Einzelschüler nach a) Persönlichkeitsvariablen b) sachstrukturellem Entwicklungsstand c) Sprachverhalten d) Lerntempo

Aus dem weiten Beziehungsgeflecht, das mit dem Prinzip der Angemessenheit aufgewiesen wurde, greifen wir im folgenden auf der Schülerseite nur noch den sachstrukturellen Entwicklungsstand und das Lerntempo, auf der Lehrerseite das Lernangebot und die Lernorganisation heraus, da hier die drängendsten Unterrichtsprobleme liegen, ohne auch bei dieser Einschränkung eine irgendwie vollständige Übersicht geben zu können.

1.4 Wie soll angepaßt werden?

Heckhausen fordert vom dosierten Schwierigkeitsgrad, daß er „den sachstrukturellen Entwicklungsstand des Kindes um ein geringes übersteigt“ (209). Andere Befunde bestätigen die Motivationskraft solcher Aufgabenstellungen.

2. Bedeutung des Prinzips

„Wir konfrontieren während der Schulzeit jedes heranwachsende Individuum in allen Unterrichtsfächern doch mit der gesamten möglichen Tüchtigkeitsvariation unserer Gesellschaft (Idiotie und Imbezillität ausgenommen)“, schreibt Heckhausen (218). Außerdem fassen wir alle Schüler eines Jahrgangs in Klassen zusammen und verfallen zu leicht der irrtümlichen Vorstellung, vor irgendwie homogenen Gruppen zu stehen. Demgegenüber stellt Schiefele fest: „Es sind ... in der Jahrgangsgruppe der Zwölfjährigen solche, die wie Achtjährige lernen und denken, und andere, die mit Sechzehnjährigen zu vergleichen sind“ (1969, 32). Werden nun trotz festgelegter Lehrpläne und Jahrgangsklassen nicht Wege gesucht, die eine „Passung“ annähernd erreichen, sind — unter anderen — folgende Auswirkungen zu befürchten:

2.1 Statt daß die Schule den Schülern mit individuellen Mängeln spezifische Hilfen anbietet, bekommen diese „schlechte Noten, werden zurückgestellt, bleiben sitzen ... Solche Kinder ... *werden um ihre Begabung gebracht,* statt daß ihnen dazu verholfen wird“ (Schiefele, 1969, 28).

2.2 Skowronek skizziert die zu erwartende Motivationsgeschichte solcher Schüler: „Wenn ein Organismus durch irgendwelche Einflüsse in einer zielgerichteten Aktivität blockiert wird, reagiert er mit Erregung, häufig mit *Aggression* — gegen die Behinderung, gegen Ersatzziele oder gegen sich selbst“ (95).

2.3 Für die Zukunft werden dann „die Zielsetzungen von Schülern mit einer Mißerfolgsgeschichte schwer voraussagbar ...: Sie stecken entweder ihre Ziele unrealistisch hoch oder ungerechtfertigt niedrig“ (Skowronek, 112). „Passung“ wird damit immer schwieriger.

2.4 Wenn wegen mangelnder Passung nicht mehr einsichtig gelernt werden kann, neigt der Schüler zu *mechanischem Lernen,* ja er wird dazu genötigt, wenn „die allmähliche Verarbeitung im Sinne der Subsumption unter die bereits bestehende kognitive Struktur“ (ebd. 203) nicht gewährleistet wird. Daraus verstärken sich die „Dispositionen zu unkritischer und *autoritätsgläubiger Übernahme* vorgegebener Wissensbestände oder Argumentationen“ (ebd.), was auch aus gesellschaftlicher Sicht nicht zu verantworten ist.

2.5 Schließlich handeln sich mißerfolgsgeprägte Schüler in der sozialen und tüchtigkeitsbezogenen Ranghierarchie der Klasse einen unteren Platz ein (Heckhausen, 212), was sie dazu verführt, die allgemein *niedrigeren Gütemaßstäbe* schwächerer Schüler zu übernehmen.

2.6 Positiv gesehen bringt eine optimale Passung eine Verstärkung der Lernmotivation, des Anspruchsniveaus und damit eine Anregung der produktiven und kreativen Aktivität (vgl. Prinzip II).

3. Folgerungen für den Unterricht

Unter der in 1.3 getroffenen Einschränkung ergeben sich Folgerungen, die wir in Maßnahmen der Individualisierung und Differenzierung gliedern können.

3.1 Individualisierung des Lernprozesses

Die Lernanreize, die Strukturierung des Stoffes in erprobten Lernschnitten, die sofortige Kontrolle jedes Lernfortschritts, das Lerntempo, die Voraussicht möglicher Irrwege u. a. auf jeden Schüler genau abzustimmen, vermag kein Lehrer im Unterricht mit Klassen und Gruppen. Letztlich aber muß jeder Schüler selbst lernen. Das anzuregen, ist Sinn jedes individualisierenden Unterrichts.

3.1.1 Lehrprogramme
übernehmen diese Aufgaben teils in vorzüglicher Weise. Da eine Darstellung der Programmierten Unterweisung (PU) hier zu weit abführte, sei zur ersten Information darüber auf Schiefeles leicht faßbare Ausführungen mit Literaturangaben (1969, 85—127) verwiesen.

3.1.2 Individualisierung im lehrergeleiteten Unterricht
Gesprächsformen lassen dem Individuum mehr Spielraum zur Entfaltung eigener Ideen als ein starrer Frontalunterricht, daneben kennt der Lehrer auch bisher Gelegenheiten der *Alleinarbeit,* die mehr oder weniger auf die Individualität des Schülers Rücksicht nehmen. Kopp (S. 202) führt dazu auf: „die Phase des Versuchens, Vermutens, Erprobens"; Anregungen für „verschiedene Lösungsversuche"; „individuelle Tätigkeit bei der Vorarbeit oder Nacharbeit zu einem Thema" (ebd., 207); Individuallernen mit „didaktischem Spielmaterial" (208) und Zeiten, in denen der Lehrer zum stillen, eigenständigen Einprägen, zum Üben an selbstgewählten Aufgaben auffordert. Hier handelt es sich um Vorformen echter Individualisierung, da weder Lernzielplanung, noch Lernmittelgestaltung, noch Lernkontrolle genau auf das Individuum zugeschnitten wurden. Man bedenke: Wo kann der Lehrer die Lernvoraussetzungen jedes Schülers so exakt feststellen, um eine Alleinarbeit unter Beachtung der genannten Kriterien auf den Einzelschüler abzustellen?
Ansonst gelten für individuelles Lernen die Hinweise zur Organisation, wie sie im Prinzip IV (Punkt 5) dargelegt wurden.

3.2 Differenzierung

Differenzen heißt Unterschiede feststellen und eine entsprechende Aufgliederung vornehmen. Grundsätzlich lassen sich Fachbereiche, Lernziele, Lernmethoden und Lernmittel auf der einen, Schüler nach Lernvoraussetzungen, Neigungen und dgl. auf der anderen Seite differenzieren, aufgliedern. Ziel ist, beide Seiten in Passung zu bringen (vgl. Strukturplan, 70). Gemeinhin unterscheiden wir eine äußere und eine innere Differenzierung.

3.2.1 *Äußere Differenzierung*

geschieht „nach Schularten, nach Schulzweigen, nach Klassen und nach Kursgruppen" (Strukturplan, 70). Innerhalb der Schule kennt äußere Differenzierung die „Leistungsklassen (streaming) und/oder Leistungsgruppen (setting)" sowie Kursgruppen „nach Interessengebieten" (Strukturplan, 151).

3.2.1.1 *Leistungsklassen* bei Paralleljahrgängen zu bilden, erwies sich als Irrweg — schon aufgrund der falschen Voraussetzung, es gäbe eine globale Leistungsfähigkeit, die mit Intelligenztests gemessen werden könnte —, da die bestehenden Unterschiede fixiert und eine geringere Sozialreife in homogenen Klassen erzielt wurden (Heckhausen, 216).

3.2.1.2 *Leistungsgruppen* als „fachbezogene Tüchtigkeitsgruppierung" (ebd., 219) weisen eher in die Zukunft. Man bildet sie in Fächern, die „einen logisch-systematischen Aufbau" haben und auf Lehrerunterweisung angewiesen sind (ebd.). Wir kennen sie bisher vor allem in Englisch, Mathematik, Physik/Chemie und Deutsch. Auch die Förderstunden der Grundschule bieten sich in begrenzter Weise und auf begrenzte Zeit dafür an, obgleich eine äußere Differenzierung hier noch begründet in Frage gestellt wird (vgl. LP 71, 6). Für festgelegte Leistungsgruppen gelten ähnliche Bedenken wie für die Leistungsklassen (vgl. Kopp, 204 f.). Das Kern-Kurs-Unterrichtssystem verbindet auf gangbare Weise die heterogene — nicht als ablösenswert zu betrachtende (Heckhausen, 217) — Jahrgangsklasse mit relativ homogenen Leistungs- und Neigungsgruppen.

3.2.1.3 *Neigungs- und Wahlkurse* sind noch vorwiegend der Hauptschule vorbehalten (vgl. aber LP 71, 6 f.). Zu den pädagogischen, didaktischen und organisatorischen Problemen, die hier aufgeworfen werden, siehe Kopp, 206 f.!

3.2.1.4 *Schulaufnahme:* Sie stellt ebenfalls eine äußere Differenzierung vor, beim ersten Schuleintritt und bei jedem Übertritt. Bedingung für eine echte Differenzierung bzw. Trennung wäre, daß man über das Geburtsdatum hinaus „Einschulungskriterien besitzt, die eine gewisse Erfolgsvorhersage in der Schule zulassen, z. B. Intelligenz, Sprachbefähigung, Konzentration usw." (Schiefele, 1969, 29). Vorschulklassen sind in die Formen äußerer Differenzierung einzubeziehen.

3.2.2 *Innere Differenzierung*

paßt in der Regel *zwei bis drei Leistungsabteilungen* einer vom Lehrer geführten Jahrgangsklasse je nach deren Neigung, Leistungsstand oder Lerntempo verschiedene Aufgabenstellungen (nach Schwierigkeit oder Umfang), verschiedene Medien oder Lernmethoden an (vgl. Strukturplan, 70). Daß allgemein der inneren Differenzierung besondere Bedeutung für die Zukunft zugeschrieben wird, liegt an ihren Vorteilen: der soziale Verband bleibt erhalten; eine Durchlässigkeit ist eher erreichbar; Fixierungen kann leichter begegnet werden; es kommen

alle Lernstimulationen zum Tragen, die nur in heterogenen Gruppen zutage treten; die Stundenplangestaltung wird nicht erschwert (vgl. Kopp, 205).
Bönsch bietet eine anregende erste Übersicht über Differenzierungsformen an, aus der folgende Beispiele entnommen sind (1970, 10—15):

3.2.2.1 nach Arbeitsweisen" (ebd., 10)
Im Sachunterricht vornehmlich lassen sich verschiedenen Gruppen zur Informationsbeschaffung verschiedene Informationsträger zuweisen (Bilder, Texte, Karten, Zahlen ... vgl. Prinzip IV).

3.2.2.2 „nach stofflichem Umfang" (ebd., 10)
Es bleibt jedem Schüler überlassen, wieviel er aus verschiedenen vorgegebenen Aufgabenstellungen in einer für alle gleich begrenzten Zeit bearbeitet. Er selbst bestimmt den Lern- bzw. Übungsumfang, z. B. in Rechnen, Rechtschreiben, bei Hausaufgaben.

3.2.2.3 „nach Schwierigkeitsgraden" (ebd., 11)
Unterschiedlich schwierige Arbeiten sind von den Leistungsabteilungen zu bewältigen; z. B. Textaufgaben mit 2 bis 4 Rechenschritten bzw. mit einfachen oder mehrstelligen Dezimalzahlen, verschieden schwere Rechtschreib-, Übersetzungs-, Lesetexte.

3.2.2.4 „aus sozialen Motiven" (ebd., 11)
Die Neigung zu sozialen Gruppierungen oder die Eignung für Hilfestellungen an schwächeren oder zurückgebliebenen Schülern lassen sich berücksichtigen, wenn wir bei Wiederholungs- und Übungsstunden eine freiere Partner- und Gruppenwahl anregen. Vorbereitende Arbeiten eines einzelnen oder einer Gruppe für eine anstehende Unterrichtseinheit (Befragungen, Materialbeschaffung ...) zählen dazu, da hier der Klasse eine Leistung abgenommen wird.

3.2.2.5 „aus methodischen Gründen" (ebd., 12)
Um die Lehrmethode dem Schüler anzupassen, mag eine Differenzierung öfter angebracht sein. So stehen etwa leistungsstärkere Schüler im Stadium der mechanisierenden oder kombinierenden Übung, während andere eine intensive Anleitung des Lehrers benötigen zu reflektierender Übung des neugelernten Stoffes, z. B. in Geometrie. Wo eine Schülergruppe einer besonderen Anleitung, eines Sondertrainings durch den Lehrer bedarf zum Nachholen von strukturellen Einsichten oder Fähigkeiten, werden wir die anderen Schüler „abhängen".

3.2.2.6 „nach dem Lern- und Arbeitstempo" (ebd., 13)
Bei qualitativ gleichen Aufgabenstellungen für alle werden quantitativ verschiedene Arbeitsergebnisse von vorneherein erwartet. Die Ausgangslage ist demnach für die Klasse gleich, doch differieren nun die Ergebnisse, die Klasse fällt auseinander. Bei konsequenter Fortführung dieser Form über Wochen und länger würden sich je eigens zu leitende Gruppierungen ergeben. Dem könnte dadurch vorgebeugt werden, daß man den fortgeschritteneren Schülern Lernfelder an-

bietet, die den gemeinsamen Lernkurs in die Breite oder Tiefe führen, daß aber alle Schüler zusammengefaßt werden, sobald eine neue Lernsequenz des Kernkurses anzugehen ist. Problem: geeignete Arbeits- und Selbstbildungsmittel, getrennte Lernplanung für 2 bis 3 Abteilungen sowie getrennte Lernkontrolle.
Doch schon bei einzelnen Lernsequenzen in einer Stunde fallen die Tempi der Schüler auseinander. Hier müssen Anregungen, zusätzliche Aufgaben bereitgestellt werden. Leerlauf läßt das Ziel aus dem Auge verlieren und ist der Tod der Arbeitshaltung und Klassendisziplin.

3.2.2.7 „aus sachlichen Gründen“ (ebd., 15)
Den Unterrichtsgegenstand, der ein individuelles Bearbeiten durch jeden Schüler verlangt (Werken, Zeichnen, Aufsatz . . .), kann der Lehrer nicht so abwandeln, daß ein gleichzeitiges Erreichen des Ergebnisses gewährleistet ist. Ein enges Zeitlimit würde die Qualität unzulässig beeinflussen. Auch hier: zu zusätzlicher sinnvoller Arbeit anregen!
Kaum in der Theorie, weniger noch in der Praxis lassen sich Formen der inneren Differenzierung klar trennen. Zudem wäre an den sozialen Aspekt jeder Gruppierung der Klasse zu denken (vgl. Prinzip IV). Wie geht der Lehrer nun zweckmäßig an die Planung?

4. Planung der Differenzierung

4.1 Die *Begründung* für jede Differenzierung sollte dem Lehrer klar sein: Warum werden auf diese Weise der Stoff, die Methode und die Klasse getrennt? Zumeist verläßt sich der Lehrer auf Erfahrung und längere Beobachtung seiner Schüler. Wo jedoch auf Langzeit Abteilungen gebildet werden, sind *Leistungskontrollen* und Feststellungen der Arbeitstempi unerläßlich.

4.2 „Danach müssen die verschiedenen *Aufgaben, Stoffe und Ziele* ausgewählt und bereitgestellt werden. Gleichzeitig muß die *zeitliche Ausdehnung* des differenzierten unterrichtlichen Vorgehens in etwa abgeschätzt und festgelegt werden“ (Bönsch, 1970, 17). Angemessene Aufgaben sind *konkret* und möglichst *anschaulich*.

4.3 Geeignete *Arbeitsmittel* und klare *Arbeitsanweisungen* bestimmen weitgehend den Erfolg einer Differenzierung.

4.4 Die *Kontrollformen* bedürfen bei Differenzierung besonderer Überlegung. Selbstkontrolle ist wirksamer und auf die Dauer motivierender als Fremdkontrolle.

4.5 Für die *praktische Durchführung* im Unterricht sei an die im Prinzip IV, Punkt 5, aufgeführten Gesichtspunkte erinnert.

4.6 *Hausaufgaben* sind entsprechend zu planen.

5. Arbeitsmittel

Lange nicht für alle Fachbereiche stehen Lernmaterialien zur Verfügung, die ein individualisierendes oder differenzierendes Unterrichten ermöglichten.
Ein brauchbares Verzeichnis von Hilfsmitteln findet sich bei Bönsch, 1969 (S. 552—555); Kopp (S. 246—255) stellte eine gute Übersicht über das Gebiet der Selbstbildungsmittel zusammen. Wir treffen folgende

5.1 Einteilung der Selbstbildungsmittel:

— sprachliche (gesprochen oder gedruckt; z. B. Schallplatte, Tonband, Texte . . .)
— bildhafte (Karten, Flanell-, Haftbilder, Folien, Dias . . .)
— gegenständliche (Logema, Stoff-, Bodenproben, Präparate . . .)
— Lernspiele (vgl. Kopp, 247 f.)
— Lernprogramme, Lernmaschinen (Eingreifprogramme, Logimat . . .)

Audiovisuelle Mittler sind bei der gegenwärtigen Raumnot der Schulen leider noch weitgehend von der Verwendung für die Differenzierung ausgeschlossen.

5.2 Anforderungen

an die Arbeitsmittel zu kennen, ist auch für die selbständige Erstellung (Abzüge etwa) durch den Lehrer nützlich.

5.2.1 Die *Aufgabenstellung* muß dem Schüler klar, von ihm akzeptiert und als erreichbar erkannt sein. Sie ist seinem Leistungsstand und Tempo anzupassen. Der Anreizcharakter geht in die Motivation ein.

5.2.2 „Es kommt auf . . . (die) *Aktivität* des Schülers an" (Skowronek, in Roth 1970, 492). Nur produktive Arbeit führt zu Lernerfolgen, nicht ein mechanischer Vollzug.

5.2.3 Arbeitsmittel sollten einen Lernstoff in *durchschaubaren Bezügen,* strukturierten Schritten anbieten (beim Erwerb von Einsichten, Erkenntnissen) bzw. *zu planvollem* oder Strategien anwendendem *Vorgehen* bei einer Lösung anregen (so bei der Lösung von Rechenaufgaben, beim Erarbeiten von Rechtschriften, Lesestücken u. dgl.).
Bei selbstgefertigten Mittlern folgt demnach evtl. zweckmäßig eine Anweisung nach der Aufgabenstellung oder dem Informationsangebot.

5.2.4 Zusatzaufgaben oder Lernsequenzen dürfen nur bearbeitet werden, wenn der vorangegangene Lernschritt *kontrolliert* wurde. Gute Arbeitsmittel bieten Möglichkeiten zur Selbstkontrolle an.

6. Grenzen und Restprobleme des Prinzips

6.1 „Die Problematik liegt vor allem in der *Diskrepanz zwischen* einer notwendigen *Sozialisation und* der unabweisbaren *Individualisierung"* (Kopp, 201), zwischen den Polen völliger „Gleichheit" und individualistischer „Freiheit". Beide Extreme sind erziehlich nicht vertretbar.

6.2 Wie soll bei verschiedenen Lernanforderungen zensiert werden?

6.3 Lernzielplanung und -kontrolle, nach Leistungsabteilungen getrennt, überfordern den einzelnen Lehrer, wenn nicht Formen des „teaching in teams" (Bönsch, 1970, 104 ff.) für äußere und innere Differenzierung erprobt werden.

6.4 Die räumliche und finanzielle Ausstattung der Schulen setzt — gerade für den Einsatz geeigneter Selbstbildungsmittel — zu enge Grenzen.

6.5 Die Stundenplangestaltung stellt vor neue Schwierigkeiten.

6.6 Negative Fixierungen sozialer, schichtenspezifischer, motivationaler und leistungsmäßiger Art sind für ständig wiederholte oder dauerhafte Differenzierungsmaßnahmen in einzelnen Fächern zu wenig erforscht.

VI. Prinzip der Leistungssicherung und -kontrolle

1. Begriffe und Bedeutung

Lernen ist Verhaltensänderung und -verbesserung, und wir erwarten einen „Zuwachs", eine „Steigerung" von Wissen und Können, wenn wir unterrichten. Das einmal erworbene Wissen, einmal ausgeführte Tun muß gesichert werden. Leistungssicherung mit dem Ziel, Erworbenes verfügbar zu machen für neue Lernsituationen, läßt sich für die Praxis gliedern in Üben (als Wiederholen und Einprägen) und Anwenden (als Transfer bezeichnet). Entscheidend — hinsichtlich der Effektivität — ist, „in welchem Maße das im Unterricht erworbene Können oder Wissen übertragbar ist auf dasjenige, was nicht im Unterricht gebracht werden kann" (Strukturplan, 67).

2. Übung

dient als *Wiederholung* der Automatisierung motorischer und psychischer Funktionen, die „an einen bestimmten, starren Ablauf gebunden" sind (Aebli, 1969, 99).

2.1 Bedeutung von Automatismen

„Der Automatismus entlastet das Denken. Er kann ablaufen, ohne daß ich mir die Bedeutung der manipulierten Ziffern oder der hergesagten Worte vergegenwärtige" (Aebli, 1969, 91). Er „legt die Aufmerksamkeit für umfassendere Zusammenhänge frei", und zwar „bei der Lösung angewandter Probleme und beim Weiterschreiten zu komplexeren Operationen" (ebd., 92; vgl. weiter unten lateralen und vertikalen Transfer).

2.2 Übung als Wiederholung von Abläufen

Motorische (Turnen, Schreiben, Singen, Sprechen, Handfertigkeiten in Zeichnen, Werken usw.) und manche kognitive Abläufe (Addieren-, Subtrahieren-, Teilenkönnen; Richtigschreiben des Stammwortschatzes; Interpretieren von Karten, Tabellen; vgl. Arbeitstechniken!) werden zur Geläufigkeit über ständige Wiederholung in gleicher Abfolge der Teilvollzüge eingeschliffen.

2.2.1 *Motorische Lernleistungen* erwirbt der Schüler zumeist als „verzögerte Nachahmung der Demonstration des Lehrers" (Aebli, 1969, 56), so im Turnen, Aussprechen von Wörtern, Schreibenlernen u. dgl. Der Lehrer beobachtet den individuellen Vollzug jedes Schülers, leitet an, rhythmisiert u. U., hält zu selbstkritischer Kontrolle und Verbesserung im Blick auf die Modellvorstellungen an und stellt allenfalls selbst richtig, indem er die Vorstellungen vom Handlungsablauf präzisiert über die richtige Demonstration. Häufig werden komplexere Abläufe (Schreiben!) aufgegliedert in für sich geschlossene, funktionelle Teilvollzüge. Steht noch ein Übungsplan dem Schüler vor Augen, der Teilziele bewußt macht, kann der Lehrer die Schüler rasch für die Aneignung motorischer Teilfunktionen und Fertigkeiten gewinnen (Aebli 1969, 58 ff.). Ansonst gelten auch für diesen Bereich weitgehend die Übungsgrundsätze der Lernpsychologie, die wir unten anführen.

2.2.2 *Kognitive Automatismen,* die wir ebenfalls über Wiederholungen anbahnen, bringen neue Probleme mit sich: einesteils sind sie notwendig, andererseits bewirken sie sogenannte „Lern-sets", Fixierungen in der Einstellung des Schülers gegenüber gleichartigen Problemen, so z. B. wenn der Weg über 1% zur Berechnung des Prozentwertes verfestigt wurde. Der Schüler sieht dann andere, evtl. einfachere Lösungswege nicht mehr. Dem wirken variierende Aufgabenstellungen und eine reflektierende Übung entgegen, in der die Elemente des Vollzugs einsichtig erinnert werden, evtl. unter Hinweis auf den ersten behandelten Fall. Als Grundsatz möge gelten: Keine Automatisierung, ohne daß der Vollzug einleuchtend erarbeitet und fehlerlos durchgearbeitet wurde! Den Grund verstehen wir sofort, wenn Schüler z. B. mathematische und physikalische Gesetze und Regeln aufsagen, sie aber nicht anwenden oder erklären können, obgleich sie Ergebnisse strukturierter, eigenständiger Lernprozesse sein müßten (vgl. Prinzip III). Hier wurde mechanisch, unverstanden gelernt und geübt.

2.3 Übung als Einprägen von Wissenselementen

Nicht alles Wissen ist übertragbar, exemplarisch, da es uns nicht gelingen wird, alle Informationsgehalte der Welt in Strukturen zu überführen, die fachdidaktisch ausgerichtet sind, um Wissenselemente einzuordnen. Rechtschreib-, Gesprächsregeln, Benennungen von Dingen und Tätigkeiten etc., vieles wird ungeordnet, sporadisch, eher „zufällig" zugelernt, eingeprägt. Doch auch für Einzeldaten gilt ein mnemotechnisches Grundgesetz: *Strukturen, Ordnungen, Beziehungen* herstellen, und seien sie im Ausnahmefall auch nicht sachgerecht (vgl. Bergius, 241). Ein Gerüst verhilft immer zu langfristigerem Behalten. So kann der Leser sich die unter 5. genannten Übungsgrundsätze der Lernpsychologie besser merken, wenn er sich zuerst ihre Anzahl als Richtmaß der Erinnerung einprägt, dann sich evtl. eine konkrete Unterrichtssituation vorstellt, in der er die Maßnahmen in fester Reihenfolge organisiert. *Visuelle* und *akustisch-motorische (Mitsprechen, Rhythmus . . .) Hilfen* unterstützen nämlich das Memorieren. Je zusammenhangloser das Wissen, um so öfter muß es rekapituliert oder wiederholt werden.

3. Anwenden/Transfer

Exemplarisches Lernen, kategoriale Bildung u. ä. didaktische Entwürfe zielten längst auf das heute mehr von der Lernpsychologie angegangene Problem der Mitübung, der Übertragbarkeit erworbener Verhaltensweisen und Strukturen auf neue, ähnliche Lernsituationen. Aus den Ergebnissen der Transferforschungen wissen wir, was und unter welchen Bedingungen übertragen werden kann.

3.1 Was kann übertragen werden?

Nach Roth (1967, 293) sind dies:

— „Die allgemeinen Prinzipien, in die wir wirklich Einsicht gewonnen haben" (wir sprachen im Kap. III von logisch gefügtem Wissen und Beziehungsgefügen in Begriffen und Regeln; auch Theorien zählen dazu),

— „die Arbeits- und Denkmethoden, die wir bewußt anzuwenden gelernt haben" (Arbeitsweisen der Informationsbeschaffung und -verarbeitung, Strategien),

— „die Einstellungen, die sich in uns verfestigt haben" (Lern-sets, Vorurteile, Fixierungen auf Lernstrategien mit positiver oder negativer Wirkung; vgl. oben 2.2.2).

3.2 Bedingungen des Transfers

Oberste Bedingung ist eine *Lehrweise, die auf Einsicht abzielt.* Mechanische Lösungsverfahren und unverstandenes, strukturloses Wissen lassen sich nicht übertragen.
Alsdann muß die *bewußte Anwendung/Übertragung* auf strukturähnliche Aufgaben gelehrt werden, in Übungsperioden also, „in denen nicht Antworten gelernt, sondern Antworten gefunden werden" (Bergius, 247). Nur auf diese Weise wird einmal Gelerntes variabel, beweglich und in seinen wesentlichen Strukturelementen von unwesentlichen Elementen befreit. Z. B. ließe sich das Strukturschema „Binnenhafen" (unter Prinzip III) auf andere Hafenstädte an Flüssen in aller Welt übertragen, es würde sich im Wesentlichen gleichen.
Oder: „Korbblütler" sehen sehr verschieden aus, gleichen sich aber im Wesentlichen des Blütenbaus.
Oder: Zahlen und Handlungen von Textaufgaben mögen sich auf den ersten Blick ganz und gar unterscheiden, die Struktur (z. B. umgekehrter Schluß) kann die nämliche sein.
Soll etwas Gelerntes anwendbar, transferierbar sein, muß es

— „noch erinnert werden können,

— im entscheidenden Augenblick tatsächlich reproduziert werden und

— wieder verstanden werden" (Bergius, 237).

3.3 *Lateraler und vertikaler Transfer*

Beim *lateralen Transfer* entscheidet die Weite und Vielfalt der Situationen, auf die Gelerntes übertragen wird, und die bei einzelnen Personen differieren wird, je mehr die Ähnlichkeit der Situationen abnimmt zu jener Ausgangssituation, in der eine Regel gelernt wurde (Gagné, 188 f.). Schüler bringen ganz verschiedenartige Anwendungen z. B. von Begriffen („Was ist noch gewölbt . . .?"), Regeln oder Gesetzen, zeigen unterschiedliche Anwendungsfähigkeit von erarbeiteten Rechtschreibweisen, Satzgefügen, mathematischen Operationen. Die Fähigkeit zu lateralem Transfer kann man steigern, indem man Transfersituationen in großer Breite und zunehmend unähnlich auswählt.

Vertikaler Transfer kommt ins Spiel, sobald Lernvoraussetzungen gefordert werden zur Bildung höherer, komplexerer Operationen, Begriffe, Regeln, so beispielsweise beim schriftlichen Teilen, das die Operationen der Addition, der Subtraktion u. a. voraussetzt. Bedingung „für vertikalen Transfer ist die Beherrschung der untergeordneten Regeln", Begriffe, Verhaltensweisen (Gagné, 189).

4. Besinnung und Wertung

Wir erinnern uns der affektiven Lernziele (Prinzip I) und der Motivation als Funktion der ganzen Person (Prinzip II), wonach Unterricht als Erziehungsaufgabe verstanden wird, die auf „verantwortungsbewußte Haltung" (RL 66) und Gewissensbildung abzielt. Ein Lerngegenstand bzw. -vollzug wurde rational durchleuchtet, objektiviert, abgelöst von Menschen. Demgegenüber ist in der Besinnung wieder ein persönlicher Bezug zu stiften zwischen Lernobjekt und Mensch, das Objekt in den Verantwortungsbereich von Menschen zu bringen, „die Welt als Bedeutsamkeit" (Binswanger) erfahren zu lassen. Alles Gelernte hat irgendwie Bedeutung — mehr für den Schüler unmittelbar oder mehr für andere Menschen. Diese Bedeutung gilt es aufzuspüren.

Hilfen:

- Stellungnahme fordern! Z. B.: Wenn du hörst, daß einer über die Steuern schimpft, was könntest du antworten?
  Oder: Möchtest du tauschen mit diesem oder jenem Menschen?
- Urteile, Wertungen begründen lassen! Kritik provozieren! (Eigentlich sind diese Südländer faul! — Versetze dich in die Lage des Gegners, dann urteile!)
- Das Suchen nach Symbolen, nach szenischem oder bildhaftem Ausdruck fordert eine intensive persönliche Auseinandersetzung mit dem Sinngehalt eines Lerngegenstandes.
  z. B.: Symbolgehalte von Märchen, Fabeln, Bildern (Kreis, Weg . . .) herausstellen;
  oder: Symboldarstellung eines Grundgesetzes (Unverletzlichkeit der Wohnung) verlangen;

oder: Charaktereigenschaften einer Person und die Reaktionen der Mitmenschen im Spiel zum Ausdruck bringen;
— In der Phantasie Situationen vorstellen oder aus der Erinnerung vergegenwärtigen lassen, in denen Einsichten aus dem Unterricht Bedeutung haben, z. B. „Gewalt ruft immer Gegengewalt hervor“: Das hast du schon öfter erlebt. — Wie verhält man sich, wenn einer Streit beginnt?

Haltungen bedürfen stetiger Anbahnung durch wiederholtes Urteilen und Werten. Lebensthematik und Sinnentwürfe der Lebensgestaltung bauen auf solchen Wertkonzepten auf.

5. Lernpsychologische Übungsgrundsätze

Für Übungen und Anwendungen fand die Lernpsychologie eine Reihe weitgehend gesicherter Erkenntnisse, aus denen wir folgende wegen ihrer Bedeutung und unmittelbaren Übertragbarkeit auf die Unterrichtsgestaltung auswählen:

5.1 Leistung und Lernkurve

Aus der Gedächtnisforschung wissen wir wenige sichere, aber doch einige gewichtige Befunde:

5.1.1 Je uneinsichtiger, unstrukturierter das Lernmaterial, um so häufiger muß es wiederholt werden, z. B. bei Geschichtsdaten, Fremdwortvokabeln.

5.1.2 Die *erste Wiederholung* ist der wesentlichste Schritt zum Behalten (nach Meumann) und sollte, je nach Struktur des Gegenstandes, möglichst bald auf das erste Erlernen folgen. Vgl. Aebli, 1969, 178: „Später können dann die Abstände progressiv vergrößert werden.“

5.1.3 *„Kurz, aber häufig* üben“ (ebd., 174) folgt als Regel aus den Leistungs- und Vergessenskurven (Aebli, 1969, 167 und 170; Roth, 1967, 273).

5.1.4 *Übungsintervalle* dienen nur der Erholung, wenn in der Zwischenzeit nicht Ähnliches gelernt wird, da ansonst retro- bzw. proaktive Hemmungen eintreten (vgl. Roth, 1967, 273 f.).

5.1.5 *Lernplateaus* treten als „toter Punkt“ bei Schülern verschieden bald auf. Der Lehrer sollte hier neu motivieren, abwechseln in der Übungsform und individuell weiterhelfen.

5.2 Leistung und Motivation

Aebli (1969, 168) betont, „daß der Lernerfolg direkt vom Einsatz des Schülers abhängt“.

5.2.1 Der *Schüler muß das Ziel kennen,* das er erreichen soll. Ohne Zielklarheit keine echte und sachliche Bereitschaft.

5.2.2 *Intrinsische und extrinsische Motivationen* vielfältig für Übungen einsetzen! (Vgl. Aebli, 1969, 175)

5.2.3 Aufgabenstellungen und Lernmaterial dem *Anspruchsniveau* der Schüler anpassen! Das erfordert zumeist:

5.2.4 *Differenzieren!* (Vgl. Organisation der Differenzierung nach Leistungsvoraussetzungen und Lerntempo unter Prinzip V!)

5.2.5 Ein *Wechsel der Arbeitsform* bringt neue Anreize. Nichts hemmt den Leistungswillen mehr als Monotonie und Übersättigung.

5.2.6 Intrinsisch motivieren nur *Aufgaben* und *Probleme,* vor die der Schüler gestellt wird, daß er sie denkend und eigenständig löse, keine mechanisch zu erledigenden Aufgaben.

5.3 Leistung und Erfolg

„Erfolgserlebnisse steigern Lebensgefühl und Lernwillen und wirken sich ... durch bessere Qualität der Arbeit, Nüchternheit und sachliche Selbstbeurteilung aus“ (nach Thorndikes Law of effect und N. Ach, in Engelmayer, 92).

5.3.1 Jeder Lern- und Übungsschritt ist zu *kontrollieren.* Günstiger als Fremdkontrolle (Partner, Gruppe, Lehrer) wirkt sich die Selbstkontrolle auf die Motivation und die Setzung von persönlichen Gütemaßstäben aus (Engelmayer, 102 f.).

5.3.2 *Unmittelbare Kontrolle* als Erfolgsbestätigung ist wirksamer als ein verzögertes Erfolgserlebnis, da auf diese Weise richtiges Verhalten sofort verstärkt und falsches im Entstehen eliminiert werden kann.

5.3.3 *Sichtbarer Leistungszuwachs* regt gerade jüngere Schüler besonders an. Aebli (1969, 177) gibt dazu Hinweise. Klassenleistungskurven und -tabellen, Punktzahlen verteilen, laut Ergebnisse vortragen lassen; Erfolgreiche stehen auf; alle diese Maßnahmen machen Erfolge sichtbar.

5.3.4 Der *Lehrer führt Buch* über Leistungsfortschritte, um Unterlagen für Bewertungen, für Elternberatungen, vornehmlich aber für die weitere Gestaltung der Übungen zu besitzen.

5.4 Leistung und Richtigkeit bzw. Struktur

Nur „der korrekte Vollzug“ wirkt leistungssteigernd (Aebli, 1969, 172).

5.4.1 Bei *Übungen* zum Automatisieren und Einprägen dürfen sich keine Flüchtigkeits- und Einstellungsfehler einschleichen, z. B. im Ablauf von Schreibbewegungen, beim Einprägen von Wortbildern, bei Rechenoperationen. Saubere, geordnete Darstellung und Schreibweise beugen solchen Fehlern vor.

5.4.2 *Transfer* kann erst verlangt werden, wenn die vorausgesetzten Begriffe, Operationen, Gesetze einsichtig durchgearbeitet wurden. Bei Fehlern ist nochmals von vorne neu zu durchdenken (vgl. Aebli, 1969, 172). Der Lehrer überprüft das Verständnis beim Schüler.

5.4.3 Transfer und Übung erfordern *je neue,* mehr oder weniger ähnliche *Ausgangssituationen.* Gleichförmige, kaum variierende Abläufe dienen einer Durchstrukturierung von Operationen und Begriffen/Regeln wenig oder nicht.

5.4.4 Für das Wiederholen jeweils *neue Gesichtspunkte* bereitstellen! Bedeutsamer als Rekapitulationen sind *Reorganisationen* des gelernten Wissens (Strukturplan). Das gilt auch für Teil- und Gesamtwiederholungen im Unterrichtsablauf, nicht nur für eigens angesetzte Wiederholungsstunden. Immanente Übungsgelegenheiten im Unterricht sehen und nutzen lernen (Engelmayer, 101 f.).

5.5 Leistung und emotionale Bedingungen

Während bei Übungen gelegentlich Wettbewerb, Leistungsdruck und Zeitlimits anregend wirken, behindern Ängste, Prüfungssituationen und Befürchtungen von Sanktionen immer einsichtiges Lernen. Transferleistungen sind auf entspannte Atmosphäre angewiesen (vgl. auch Prinzip II: soziale Motivationen).

5.6 Das Üben, Einprägen und Anwenden lehren!

Schülern und Eltern sind Regeln und Hilfen für das Lernen zu erklären. Zuviel erledigt der Schüler an häuslichen Arbeiten noch recht unökonomisch.

6. Tafel- und Merktextgestaltung

Strukturierte und geordnet dargestellte Unterrichtsergebnisse, wie sie aus unserer eigenen Unterrichtsplanung und -organisation folgen, können in seltenen Fällen erst von vorgegebenen gedruckten Arbeitsblättern übernommen werden. So sind Arbeitshefte und -mappen immer noch wesentlicher Bestandteil der Erfolgssicherung. K. Schneid brachte in der Pädagogischen Welt 1967, Heft 12, eine lesenswerte Übersicht von pädagogischen und lernpsychologischen Aspekten der Merktext- und Arbeitsheftgestaltung.

6.1 Erarbeitung durch den Schüler

Nach der entfaltenden Erarbeitung von Teilzielen im Unterricht fassen die Schüler die Ergebnisse zusammen.
Diese *mündlich, schriftlich oder zeichnerisch/graphisch* vorgenommene Darstellung des Wesentlichen ermöglicht dem Lehrer bei Teil- und Gesamtzusammenfassungen gleichzeitig eine erste Kontrolle des Verständnisses.

6.2 Gestaltung des Tafel-, Merktextes

6.2.1 Die Überschrift enthalte das Ziel oder Problem, das den Lernprozeß steuerte, und begleite das sinnvolle Einprägen.

6.2.2 Die *wesentlichen Teilschritte* und *Inhalte* sollen anhand des Eintrags erinnert werden können.

6.2.3 Strukturierte Darstellung!
„Die *Übersichtlichkeit* befördert das Eindringen in das Wesen . . ., das *Verständnis* geht zugleich auf den Grund; es . . . liegt ihm an dem *Zusammenhang*" (Otto Willmann).

Hilfen:

— Teilziele kenntlich machen, numerieren, farbig hervorheben, Absätze bilden.
— Texthervorhebungen mit Farbe, durch Schriftwechsel, Unterstreichen, Einrahmen u. dgl.
— Strukturen sichtbar werden lassen: Pfeile bedeuten Wirkungen oder Absichten; Kausal-, Finalketten, zeitliche Abfolgen u. a.
— Stichpunkte (evtl. in Verbindung mit graphischer Darstellung) fordern mehr das logische Lernen heraus als lange, mechanisch einprägbare Texte (vgl. Schneid, ebd. 652). Stichpunkte sind bei der Wiederholung in Sprachganze umzusetzen.

6.2.4 Transfer fördern!

Auf Regeln und Einsichten folgen Anwendungsbeispiele (so im Rechnen, Rechtschreiben, Sachunterricht u. a.), damit beim Wiederholen auch die Transfermöglichkeiten mitgelernt werden. Auch Ergebnisse der Besinnung und Wertung halten wir aus diesem Grunde in kurzer Form fest.

6.3 Merktexte sind Arbeitsmittel

Die Mühe der Hefteinträge durch den Schüler bzw. der Arbeitsblattgestaltung durch den Lehrer lohnte sich nicht, falls die Ergebnisse nicht immer wieder planmäßig zu Wiederholungen, Anknüpfungen, Übungen herangezogen würden. Rechenoperationen, Sprachfelder, Wortfamilien, Geometrieregeln, physikalische Gesetze, Regeln der Aufsatzgestaltung, kurz alles Merkenswerte lassen wir immer wieder in geplanten Lernsituationen zur Sicherung hervorholen. Einführungsstunden dürften nicht die Hälfte der Unterrichtszeit ausmachen, wenn Übungen und Transferleistungen ausreichend zum Zuge kommen sollen.

7. Lernziel- und Leistungskontrollen

überprüfen, ob und inwieweit der Schüler die im vorangegangenen Lernprozeß intendierten Lernziele erreicht hat.

7.1 Die Bedeutung von Leistungskontrollen

7.1.1 Dem Schüler

ermöglichen Kontrollen und Prüfungen die Feststellung von Erfolgen, Fortschritten und Lücken. Diese Selbsteinschätzung geht in seine Leistungsmotivation ein und bestimmt zukünftig seine Gütemaßstäbe, sein Anspruchsniveau und weitgehend auch seinen sozialen Rang in der Klasse. Kontrollen entscheiden über Versetzung und Sitzenbleiben, über berufliche Aussichten und Bildungschancen. Der Schüler paßt sich den Prüfungsverfahren von Lehrern auch an, so daß problemorientierter Unterricht unfruchtbar bleibt, wenn in Probearbeiten nur Faktenwissen abgefragt wird.

7.1.2 Dem Lehrer

geben Prüfungen Maßstäbe und Kriterien in die Hand für Individualisierungs- und Differenzierungsmaßnahmen in einzelnen Fächern, für die Korrektur von angewandten Lehrmethoden und durchgeführten Lehrgängen, für die Neuplanung von Lernsequenzen und die Präzisierung von Lernzielen, schließlich für die „offizielle“ Beurteilung der Schüler und die Beratung von Schülern hinsichtlich Kurswahl und Schullaufbahn. Daß der objektivierende Feststellungscharakter der Kontrollen von Lehrern öfter unzulässig mit subjektiven und pädagogischen Intentionen verknüpft wird (Note aufgebessert zur Belohnung oder Ermutigung), auf diese Gefahr sei nur hingewiesen.

7.2 Formen der Leistungskontrolle

7.2.1 Standardisierte Tests

— Schulleistungstests (auf Fachgebiete und Klassen abgestimmt),
— Intelligenz- oder Eignungstests und
— Persönlichkeits-, evtl. Kreativitätstests

sind wohl geeicht, aber — wenn vorhanden — teuer und oft an eine besondere Ausbildung der anwendenden Lehrer gebunden. Schulleistungstests dürften am ehesten bald weiteren Eingang in die Schule finden. (Zur gegenwärtigen Situation vgl. Ingenkamp, 422 ff.)

„Ein Test ist kein Test“ (ebd., 423), so daß zu wünschen wäre, daß wissenschaftlich empfohlene Schulleistungs- und Intelligenztests intensiver zur Schülerbeurteilung herangezogen würden, zumal Intelligenztests nachgewiesenermaßen den bisher größten Voraussagewert besitzen für den weiteren Schulerfolg des Geprüften (Roth, 1970, S. 50).

7.2.2 Informelle Tests und Beobachtungen des Lehrers

Unterrichtsbeobachtungen, gezielte Informationen aus Gesprächen mit Schülern und Eltern, mündliche Prüfungen und Kontrollen von Schülerleistungen in Übungen und Probearbeiten sind die Grundlagen der „informellen“, nicht weitergehend validisierten Schülerbeurteilung durch den einzelnen Lehrer. Vielfältige Aufzeichnungen, Benutzung „praktikabler Einstufungsskalen und Erhebungsbogen" (Ingenkamp, 425) dürften wie eine verbesserte Beobachtungstechnik zu exakteren Ergebnissen führen. Desgleichen weist Ingenkamp auf Wege hin, wie Klassenarbeiten oder für Parallelklassen erstellte Prüfungen in Richtung der standardisierten Tests gestaltet werden könnten (S. 416 f.).

7.2.3 Einige Anforderungen an Prüfungen

7.2.3.1 Nur prüfen, was wirklich gelernt, und das Lernverhalten verlangen, das erworben wurde!
Kartenlesen wird als solches, Sprechen als Sprechen, Sprachlehre als syntaktisches Gestalten usf. geprüft. Es geht nicht an, etwas verbal beschreiben zu lassen, was original als Vollzug gelernt wurde.
Weiter ist die Klarheit des Prüfers über die im Lehrgang erreichten Lernziele hier impliziert. Je differenzierter er die Lernziele erstellt, um so zielklarer vermag er die entsprechenden Verhaltensweisen zu fordern und zu bewerten (vgl. Gagné, 210 f.).

7.2.3.2 Unabhängige Leistungen einzeln beurteilen!
Für den Aufsatz nur eine Note geben, würde die enthaltenen Einzelleistungen verkennen heißen. Ähnlich bei angewandten Rechenaufgaben (vgl. Aebli, 1969, 182 f.).

7.2.3.3 Teilfunktionen unabhängig prüfen (ebd. 183).
Zu lange Rechnungen, zu viele zusammenhängende Unterfragen zu einem Problemkreis setzen jenen Schüler in Nachteil, der bereits anfangs stolpert.
Rechenfertigkeit und rechnerisches Denken sind unabhängig voneinander prüfbar.
Daher ist auch eine „Vielzahl kurzer, voneinander unabhängiger Aufgaben" vorzuziehen gegenüber langen „Ketten von Handlungen und Denkoperationen" (ebd., 184).

7.2.3.4 Das Verständnis und die Einsicht in Zusammenhänge prüfen!
Möglichkeiten:
— „freie Reproduktion mit eigenen Worten" (ebd., 186),
— „Gründe und Folgen . . ., Beweggründe und Absichten" erfragen (S. 187),
— „Reproduktion in veränderter Form" (ebd.) als Umkehrung, Kontrolle von Ausrechnungen, Darstellung unter neuem Gesichtspunkt,
— Transfer verlangen (vgl. ebd., 190 ff.).

7.3 Subjektive Fehlerquellen beachten,

da bei Untersuchungen subjektive Faktoren enorme Beurteilungsdifferenzen zur Folge hatten. Nach Ingenkamp (S. 410) fallen ins Gewicht:

— das *Geschlecht* des Prüfers und der Geprüften: „Mädchen werden in fast allen Klassenstufen besser beurteilt."
— Beeinflussung des Urteils durch *soziale Verhaltensweisen* des Prüflings, durch seine soziale Herkunft;
— Halo-Effekt: „Das Bild vom guten oder schlechten Schüler geht in *alle* Urteile über diesen Schüler ein" (ebd.). Saubere Schrift, gewandte Sprache, geordnete Darstellungsweise beeinflussen positiv.
— Persönlichkeit des Prüfers: Verschiedene Lehrer urteilen verschieden scharf, legen auf Teilleistungen verschieden viel Gewicht.

7.4 Kombiniertes Beurteilungsverfahren

Je vielseitiger die Schülerbeurteilung angelegt ist, um so mehr erhöht sich ihr Voraussagewert. In diese Kombination sollten „Prüfungsarbeiten traditionellen Stils, Schulleistungstests und Intelligenztests und freies Lehrerurteil eingehen" (Roth, 1970, 51).

7.5 Verfahren der Selbstkontrolle

sind aus obengenannten Gründen weiter zu entwickeln und dem Schüler an die Hand zu geben, damit im Unterrichtsalltag die Fremdkontrolle weiter in den Hintergrund treten kann.
Abschließend sei auf zwei Büchlein hingewiesen, die etliche Anregungen zur Praxis der Übung enthalten: M. Bönsch (Hrsg.), Einprägen, Üben und Anwenden im Unterricht, Ehrenwirth, München 1966; K. Odenbach, Die Übung im Unterricht, Westermann, Braunschweig 1965[3].

Mit der Lernzielkontrolle schließt sich der Kreis unseres kurzen Abrisses. Es muß zum Ende nochmals deutlich hervorgehoben werden, daß alle Unterrichtsgrundsätze sich vornehmlich auf das WIE der Unterrichtsgestaltung beziehen, nicht aber das WAS, den Lerngegenstand, angemessen berücksichtigen. Man könnte sich einen Unterricht vorstellen, der diese Prinzipien verwirklicht, dennoch letzten Endes ineffektiv bleibt, da die *Frage nach dem Sinn des Lernobjektes im Hinblick auf den Schüler* nicht gestellt wurde. Es wäre zur Ergänzung dieser formal gefaßten kleinen Lerndidaktik gefordert, daß Fachdidaktiken und Curricula Vorentscheidungen treffen hinsichtlich des hier und heute Bedeutsamen und Lebenswichtigen, damit Prioritäten gesetzt werden für die Lerngegenstände an unseren Schulen.

Doch kein noch so differenziert erstellter Lehrplan des Staates vermöchte den Lehrer als Gestalter des Unterrichts zu befreien von den täglich neu zu lösenden Fragen:

— Was muß der Schüler entsprechend dem Lehrplan bzw. dem laufenden Lehrgang morgen unbedingt gelernt haben?
— Welche Bedeutung kommt diesem Lerngegenstand für den Schüler zu, für seine jetzige oder künftige Lebensgestaltung, für sein Verhältnis zu den Mitmenschen, zu Gesellschaft, Recht und Staat, zu Wirtschaft und Beruf, zur Kultur und zur Transzendenz?
— Wo steht der Schüler? Läßt sich an den Erfahrungsbereich oder Interessenhorizont des Schülers anknüpfen, um die Person selbst anzusprechen? Wie lassen sich echte und drängende Fragen der Schüler erfahren, wie könnte der Unterricht darauf eingehen?

W. Klafkis Anleitung zur *didaktischen Analyse* (vgl. Kopp, 233 f.) entfaltet diese Fragen weiter. Der Lehrer hat mit solchen Überlegungen bereits den Dialog mit dem Schüler aufgenommen, um dann in persönlicher Entscheidung die Lernziele festzulegen. Diese Verantwortung gegenüber der Person des Schülers und gegenüber der Wissenschaft, oft als auszutragende Unsicherheit empfunden, ist auch als unveräußerliches Recht des Lehrers anzusehen. Sie bildet das Fundament der Unterrichtsgestaltung, auf dem erst die dargestellten Prinzipien die Effektivität des Lernprozesses zu steigern vermögen.

VII. Anregungen zur Rekapitulation und zur praktischen Anwendung des Gelesenen

Bisher stand die Effektivität des Unterrichts im Mittelpunkt unserer Aufmerksamkeit, nun ist zu fragen, wie die Prinzipien selbst wiederum wirksam auf den Unterricht übertragen werden könnten. Die folgenden Aufgaben sollen nicht als Gängelung verstanden werden, sie wollen lediglich dazu anregen, das Wissen um Unterrichtsprinzipien zu rekapitulieren, zu festigen und auf eigene bzw. fremde Unterrichtsgestaltung als Kriterien anzuwenden.

1. Zum Prinzip der Lernzielorientierung

1.1 Was versteht man unter einem Richtziel, was unter einem Grob- bzw. Feinziel? Beispiele können im LP 70 gefunden werden.

1.2 Feinziele untergliedert man dreifach. Erinnern Sie sich der Arten von Feinzielen?

1.3 Versuchen Sie, zu einer erst gehaltenen Unterrichtslektion das Hauptziel möglichst eindeutig zu formulieren und Nebenziele zu erstellen. Andere Unterrichtsbeispiele (z. B. aus Fachzeitschriften) lassen sich genauso „durchschauen".

1.4 Überprüfen und verbessern Sie folgende Lernziele:
— Die Schüler sollen einsehen, daß Höflichkeit das Zusammenleben erleichtert.
— Die Schüler sollen die Teile eines Thermometers wissen.
— Die Stunde soll den Lösungsweg einer Textaufgabe sichern.

1.5 Übersetzen Sie Grobziele der RL 66 oder des LP 71 für Ihren Schülerjahrgang in möglichst operationalisierte Feinziele einer Lehreinheit.

1.6 Gibt es Ausnahmen von der Regel, Ziele sollten zu Beginn der Lernprozesse einer Lehreinheit dem Schüler bekannt sein?

1.7 In welcher Form sollen Lernziele dem Schüler vorgestellt werden:
— Der Lehrer führt ein: „Wir wollen heute ..."
— Die Schüler finden das Ziel selbst.
— Genügt die einmalige sprachliche Formulierung des Zieles, oder sollte dieses an der Tafel festgehalten werden? Wozu?

2. Zum Prinzip der Motivierung

2.1 Welche Fächer, welche Fähigkeiten sind in Ihrer Klasse, bei den Eltern oder in der Öffentlichkeit nach Ihrer Meinung unterschätzt oder unbeliebt? Welche Gründe sehen Sie dafür? Wie könnte wieder motiviert werden?

2.2 Wenn Schüler im Unterricht uninteressiert dasitzen, kann das vielfältige Gründe haben. Schreiben Sie möglichst viele auf. Ergänzen Sie nun aus dem Text.

2.3 Unterstreichen Sie in dieser Aufstellung jene Gründe rot, die Sie durch geeignete Problemgestaltung wahrscheinlich beeinflussen können, jene Gründe blau, die Sie nicht oder nicht unmittelbar steuern können bzw. nur über Maßnahmen, die mit dem Lerngegenstand nichts zu tun haben.

2.4 Skizzieren Sie aus dem Fach ... (Rechnen, Geographie, Biologie, Sozialkunde, Sprachlehre ...) *Ihrer* Klasse je eine Problemsituation bis zur Zielformulierung durch die Schüler.

2.5 Sie wollen im 2. Schjg. das Thema „Unser Spielplatz, seine Anlage“ (LP 71) behandeln. Skizzieren Sie eine passende Ausgangssituation mit Zielformulierung. (Ebenso für andere Fachgebiete und Klassen)

2.6 Motivieren Sie zum Lesen folgenden Textes ...

2.7 Vergegenwärtigen Sie sich die auffallend „faulsten“ Schüler Ihrer Klasse. Wo sehen Sie neue Ansatzpunkte zur Motivierung? Worüber müssen Sie mehr von den Eltern dieser Schüler im Gespräch erfahren? Was raten Sie den Eltern?

3. Zum Prinzip der Strukturierung

3.1 Wie könnten in Ihrer Klasse die Begriffe „gleich“, „Kreis“, „steil“ u. a. gewonnen werden?

3.2 Wählen Sie aus Ihrem Schülerjahrgang ein bereits behandeltes Unterrichtsthema und legen Sie die vorausgesetzten Begriffe (Kenntnisse, Erkenntnisse) sowie Fertigkeiten und Fähigkeiten fest.

3.3 Versuchen Sie, das Ergebnis einer Stunde Sachunterricht strukturiert, als Ordnungsgefüge, möglichst auch graphisch darzustellen, daß es als knapper Hefteintrag dienen kann.

3.4 Gestalten Sie die motivierende und problemorientierte Ausgangssituation der Einführungsstunde zur Objektbeschreibung im Aufsatzunterricht.

3.5 Formulieren Sie den Kerngedanken folgenden Lesestückes ... und legen Sie die wichtigsten Erkenntnisschritte fest, die zu ihm hinführen (evtl. Notiz der Impulse).

3.6 Suchen Sie nach Lernstrategien, die Schüler Ihrer Klasse im Rechtschreiben, Aufsatz, Rechnen ... lernen (und selbständig anwenden) sollen. Formulieren Sie diese als Regeln, wie sie Schüler gefunden haben könnten.

3.7 Wiederholen Sie die emotionalen Bedingungen des Lernens (vgl. Prinzip II).

3.8 Wenn Sie in einem 8. oder 9. Schjg. unterrichten: Könnten Sie sich ein Unterrichtsbeispiel ausdenken, in dem der deduktive Weg gangbar ist: Vom Gesetz, von der Regel zu ihrer Erklärung und Anwendung?

4. Zum Prinzip der Aktivierung

4.1 Entwerfen Sie für eine Sachunterrichtsstunde (für Sprachlehre, Rechtschreiben, Werken . . .) eine Ausgangssituation, die zur Zielformulierung und zur Planung bzw. Hypothesenbildung durch die Schüler anregt.

4.2 Sammeln Sie differenzierte und facheigene Arbeitsweisen zur Informationsbeschaffung und -verarbeitung in den Fächern: Geographie, Geschichte, Biologie, Physik / Chemie. Soziallehre, Arbeitslehre. (Vgl. LP 71!)

4.3 Planen Sie eine Textauswertung (Buch, Tonband) an geeigneter Stelle in den Unterricht Ihrer Klasse ein. Geben Sie den Gesichtspunkt der Auswertung an und formulieren Sie eine exakte Arbeitsanweisung. Welche Sozialformen bieten sich evtl. an?

4.4 Beurteilen Sie folgendes Lehrverfahren: Zur Lektüre einer Schilderung der Lüneburger Heide von H. Löns (6. Schjg.) zeigt der Lehrer ein Wandbild (Dia) der Heide vor.

4.5 Die Kontrolle des Arbeitsergebnisses ist Bedingung für das Erlebnis eines Leistungszuwachses. Suchen Sie nach Kontrollformen für Schülerarbeiten in Rechnen, Rechtschreiben, Still-Lesen, für Hausaufgaben, Aufsatzentwürfe . . .!

4.6 In welchen Fächern Ihrer Klasse halten Sie die Einführung ganzer Lösungsstrategien für sinnvoll und möglich? (Vgl. Prinzip III)
Entwerfen Sie eine Lösungsstrategie, wie sie als Regelkette dem Schüler bekannt sein sollte.

4.7 Welche Unterrichtsphasen (beschränkt auf ein beliebiges Fach) bieten sich für ein Partner-, Gruppen- oder Klassengespräch an?
Oder: Wie und wann schulen Sie Gesprächsformen im 1./2. Schjg. ein?

4.8 Worauf machen Sie Schüler vor einem Abschreiben von der Tafel aufmerksam? Wie wirken Sie einem mechanischen Abschreiben entgegen?

5. Zum Prinzip der Angemessenheit

5.1 Welche Formen der äußeren Differenzierung lassen der LP 71 (Grundschule) und die RL 66 (evtl. LP 70) für die Volksschule zu?

5.2 In welchen Fächern Ihrer Jahrgangsgruppe scheint Ihnen eine innere Differenzierung angebracht? Differenzieren Sie dabei beständig in relativ dauerhaften Leistungsabteilungen oder nur gelegentlich?

5.3 Entwerfen Sie ein Arbeitsblatt für Rechnen/Mathematik in Ihrer Klasse, das 2 Leistungsabteilungen berücksichtigt. Legen Sie zuvor das Lernziel fest.

5.4 Entwerfen Sie eine Stundenskizze für (Erst-) Lesen (Rechtschreiben, Schreiblehrgang . . .), die eine innere Differenzierung berücksichtigt. Zeitangaben, Arbeitsanweisung, -material und Kontrollform aufnehmen.

5.5 Planen Sie eine Allein-, Partner- oder Gruppenarbeit in Ihrer Klasse. Überlegen Sie die Begründung für die Wahl dieser Differenzierungsform, stellen Sie das von jedem Schüler benötigte Arbeitsmaterial zusammen, formulieren Sie wörtlich die Arbeitsanweisung und erwägen Sie die Kontrollform.

5.6 Nehmen Sie sich die nächsten Schülerarbeiten vor, die aus Allein-, Partner- oder Gruppenarbeit (leistungsverschieden) hervorgegangen sind — unter Beschränkung auf ein Fach (z. B. Nachschriften, Hausaufgaben oder Probearbeiten in Rechnen, Aufsatz-, Niederschriftenentwürfe). Überlegen Sie die in der Leistung verlangten Lernvoraussetzungen, stellen Sie fest, wo einzelne Schüler Lernlücken haben, und entwerfen Sie Maßnahmen, wie diesen Schülern durch differenzierende Maßnahmen in der nächsten Woche schon geholfen werden könnte.

5.7 Überprüfen Sie gelegentlich eigenes oder fremdes Sprachverhalten auf dessen Angemessenheit hinsichtlich der Altersstufe.

5.8 Wenn eine Stunde mißglückte: Lag es an der undurchschaubaren Problemsituation, an mangelnder Anschaulichkeit oder Konkretheit, an zu rascher Abstraktion, an fehlender Differenzierung, an gestörter emotionaler Bereitschaft der Schüler, oder woran sonst?

6. Zum Prinzip der Leistungssicherung und -kontrolle

6.1 Notieren Sie aus einem Fach Ihrer Klasse motorische bzw. mehr kognitive Fertigkeiten, die Sie im Sinne von Automatismen für einübenswert halten.

6.2 Kontrollieren Sie abgeschlossene Hefteinträge auf mögliche Kürzungen im Text und auf Verbesserungen hinsichtlich der einprägsamen Darstellung. Überlegen Sie, wieweit sich Transfer anbietet.

6.3 Kennen Sie „Lern-sets“, Fixierungen bei Schülern Ihrer Klasse im Rechnen? Werten Sie diese und suchen Sie nach Wegen, diese flexibler zu machen oder aufzulösen.

6.4 Bei der Planung des nächsten Sachunterrichts, der nächsten Lesestunde . . .: Bietet sich eine Besinnung oder Wertung an? Notieren Sie den Impuls oder die Aufforderung möglichst wörtlich und halten Sie die verlangte Schüleraktivität (Gespräch . . .) sowie die erwarteten Ergebnisse in Stichworten fest.

6.5 Schreiben Sie möglichst viele Übungsgrundsätze auswendig untereinander und ergänzen Sie dann aus dem Text.

6.6 Skizzieren Sie (mit Kollegen des gleichen Schülerjahrgangs) eine Übungsstunde oder -phase (Rechnen, Rechtschreiben, Sprachlehre . . .) zu einem festgelegten Lernziel, und zwar mit Differenzierung, Zeitangabe, Aufgabenstellung, Wechsel der Arbeitsform, Steigerung der Schwierigkeit, Kontrollformen und Erfolgsbestätigung.

6.7 Nehmen Sie sich die Arbeitsergebnisse einer abgeschlossenen Unterrichtsperiode aus einem Fach (Sachunterricht, Rechnen . . .) vor und entwerfen Sie eine Wiederholungsstunde bzw. eine angemessene Probearbeit.

6.8 Versuchen Sie — evtl. mit Kollegen der Parallelklassen — folgendes: Erarbeiten Sie nach jeder Epoche eines bestimmten Sachfaches eine Aufstellung mit Wiederholungsfragen und Anwendungsaufgaben und geben Sie diese jedem Schüler in die Hand. Bei Prüfungsarbeiten entnehmen Sie Aufgaben diesem Katalog, und der Schüler weiß darum, aber er bereitet sich zielsicherer vor. Außerdem wächst der Katalog im Lauf des Jahres an, immer mehr ist erneut zu wiederholen, so daß von unzulässiger Vereinfachung keine Rede sein kann.

6.9 Auf welche Weise lassen sich Arbeitserfolge von Schülern sichtbar machen?

LITERATUR

Aebli, Hans, Psychologische Didaktik, Klett, Stuttgart 1966[2]

Aebli, Hans, Grundformen des Lehrens, Klett, Stuttgart 1969[6]

Aebli, Hans, Die geistige Entwicklung als Funktion von Anlage, Reifung, Umwelt- und Erziehungsbedingungen, in Roth H. (1970), 151—191

Bergius, Rudolf, Analyse der „Begabung“: Die Bedingungen des intelligenten Verhaltens, in Roth H. (1970), 229—268

Bönsch, Manfred, Erziehung zum selbständigen Lernen, in Pädagogische Welt 9/1969, 550—558

Bönsch, Manfred, Methodische Aspekte der Differenzierung im Unterricht, Ehrenwirth, München 1970.

Correll, Werner, Lernpsychologie, Auer, Donauwörth 1970[10]

Czinczoll, Bernhard, Physik und Chemie im Sachunterricht der Grundschule, in Päd. Welt 4/1971, 206—211

Czinczoll, Bernhard / Röhrl, Bruno / Röhrl, Hannelore, Physik und Chemie im Sachunterricht der Grundschule, Auer, Donauwörth 1971[3]

Eggersdorfer, Franz Xaver, Jugendbildung, Kösel & Pustet, München 1930[3]

Engelmayer, Otto, Psychologie für den schulischen Alltag, Ehrenwirth, München 1960[5]

Flechsig, Karl-Heinz, Unterrichts- und Schulorganisation, in Roth H. (1970), 452—460

Foerster, Friedrich Wilhelm, Schule und Charakter, Paulus, Recklinghausen 1953[15]

Gagné, Robert M., Die Bedingungen des menschlichen Lernens, Schroedel, Hannover 1970[2]

Glöckel, Hans, Das Ziel des Unterrichts als Bedingung der Methode, in Welt der Schule/Hauptschule 7/1971, 241—256

Guyer, Walter, Wie wir lernen, E. Rentsch, Zürich/Stuttgart 1956[2]

Heckhausen, Heinz, Förderung der Lernmotivierung und der intellektuellen Tüchtigkeiten, in Roth H. (1970), 193—228

Höller, Ernst, Theorie und Praxis des Schülergesprächs, Jugend und Volk, Wien/München, 1970[3]

Huber, Franz, Der Unterrichtsentwurf, Klinkhardt, Bad Heilbrunn/Obb. 1968[2]

Ingenkamp, Karlheinz, Möglichkeiten und Grenzen des Lehrerurteils und der Schultests, in Roth H. (1970), 407—431

Kitzinger E./Kopp F./Selzle E. (Hrsg.)., Lehrplan für die Grundschule in Bayern mit Erläuterungen und Handreichungen, Auer, Donauwörth 1971

Kopp, Ferdinand, Didaktik in Leitgedanken, Auer, Donauwörth 1970[3]

Kostjuk, G. S., Fragen der Denkpsychologie, in: Ergebnisse der sowjetischen Psychologie (in dt. Sprache hrg. von Prof. H. Hiebsch), Klett, Stuttgart 1969

Lehrpläne für die Grundschule, Orientierungsstufe und Hauptschule (Schulreform in Bayern, Bd. 1), Bayer. Staatsministerium für Unterricht und Kultus (Hrsg.), November 1970

Lehrplan für die Grundschule in Bayern vom 1. April 1971, Textausgabe, Auer, Donauwörth 1971

Mager, Robert F., Lernziele und Programmierter Unterricht, J. Beltz, Weinheim 1970[10-14]

Maier, Hermann, Didaktik der Mathematik 1—9, Auer, Donauwörth 1970

Maier, Richard, Konzeption eines Unterrichtssystems, in Bayer. Schule, 21. 5. 1971, 203—206

Möller, Christine, Technik der Lernplanung, J. Beltz, Weinheim 1971[3]

Oerter, Rolf, Moderne Entwicklungspsychologie, Auer, Donauwörth 1967

Oerter, Rolf, Psychologie des Denkens, Auer, Donauwörth 1971

Oevermann, Ulrich, Schichtenspezifische Formen des Sprachverhaltens und ihr Einfluß auf die kognitiven Prozesse, in Roth H. (1970), 297—356

Rössner, Lutz, Gespräch, Diskussion und Debatte, Diesterweg, Frankfurt/M., 1967

Roth, Heinrich, Pädagogische Psychologie des Lehrens und Lernens, Schroedel, Hannover 1967[10]

Roth, Heinrich (Hrsg.), Begabung und Lernen, Gutachten und Studien der Bildungskommission Bd. 4, Klett, Stuttgart 1970[5]

Schiefele, Hans, Motivation im Unterricht, Ehrenwirth, München 1963[2]

Schiefele, Hans, Schule von heute — Schule für morgen? Ehrenwirth, München 1969

Schneid, Konrad, Lernpsychologische Überlegungen zur Merktextgestaltung im Sachunterricht, in Pädagogische Welt 12/1967, 651—653

Schneid, Konrad, Jugendführung in der Hauptschule, Auer, Donauwörth 1969

Schröder, Hartwig, Psychologie und Unterricht, Reihe: Theorie und Praxis der Schulpsychologie, Bd. XI, J. Beltz, Weinheim 1969

Skowronek, Helmut, Lernen und Lernfähigkeit, Juventa, München 1970[2]

Skowronek, Helmut, Lehrmittel und Lernleistung, in Roth H. (1970), 491—499

Steinbüchel, Theodor, Die philosophische Grundlegung der katholischen Sittenlehre, Patmos, Düsseldorf 1947[3]

Strukturplan für das Bildungswesen, Empfehlungen der Bildungskommission des Deutschen Bildungsrates vom 13. 2. 1970, Bonner Bundesdruckerei 1970

Stöcker, Karl, Neuzeitliche Unterrichtsgestaltung, Ehrenwirth, München 1960[7]

Ulich, Dieter, Gruppendynamik in der Schulklasse, Ehrenwirth, München 1971

Weiß, Carl, Pädagogische Soziologie Bd. IV, Klinkhardt, Bad Heilbrunn/Obb. 1970[6]